JN189425

フランシス・フォード・コッポラ、映画を語る

ライブ・シネマ、そして映画の未来

フランシス・フォード・コッポラ 著　南波克行 訳

フランシス・フォード・コッポラ、映画を語る　目次

はじめに

　一九九〇年代の初め頃から、シネマは光学的な媒体（メディウム）から、エレクトロニック／デジタル的な媒体へとその姿を変えた。それは偶然起こったようにも見えるが、革命的な変化の過程のひとつであり、しかし短期間で次第に加速を加えながらも実際に起こったことだ。映画の歴史でいちばん最初の変化は、サイレントからトーキーへというサウンド面で起こった。それから編集方法が変わり、続いてデジタル撮影が始まって、最後には劇場での上映方式が変化し、今や映画はすべてデジタルとなった。サイレント時代から、〝トーキー〟時代を経て、さらにその先へと向かった世界中の傑出した作品群。そんな映画のマスターピースへの愛と敬意は、かつての名作と遜色なく匹敵するべく、新たなエレクトリック・シネマを作ろうとする私たちを触発する。

　多くの若い映画作家たちは、フィルムがすでにその役目を終えたことを認めきれず、フィルムの破棄をいやがっている。かつては三五〇〇人以上が働いていた、ニューヨーク州、ロチェスターのイーストマン・コダック社の工場では、今や従業員を三五〇人にまで縮小している。それはコダック社が、ごくひと握りの映画作家に（私の娘、ソフィア［・コッポラ］もそのひとりだ）フィルムを提供するためだけに残した人数だ。そうした取り組みは感動的で、また全面的に支持したい。フィルムとその伝統は今なお愛すべきものであり、現在の映画製作の枠組みでは、フィルムを不要とすることを容認できないと考える者もいる。塩化銀の感光乳剤を塗った、ガラス版フィルムを自前で作るスチールカメラマンも、わずかながら残っている。それで撮影さえすれば最高の美しさを得ることができる、すでに生産中止となった光学フィルムを自作しようとするほどの、情熱的な思い入れを持つ者は、わずかとはいえ今後も残るだろう。しかしそれでも変えようのない事実が、私たちの目の前に横たわっている。映画は今やエレクトリック／デジタル媒体になろうとしているのだ。

この成り行き、より正確に述べるなら、この事実は、映画フィルムで作られたたくさんの偉大な作品への、私たちの畏敬の念にもかかわらず、映画の本質に深く影響を与えずにおかないのではないだろうか。そして新たな演出術はどうなっていくのだろうか？

いまやデジタル世界における映画づくりとは、インターネットとコラボレーションし、ゲームパッドやジョイスティック、キーボード、そしてタッチスクリーンといったインターネット用ゲーム機器を扱う監督たちによって、推進されるものとなった。彼らは地理的な境界を越えて、おそらくはオーディトリウムの大観衆の前でも、それをプレイすることができるタイプの人物だ。彼らはまた、自分自身を投影した個々のキャラクターをコントロールしつつ、その舞台の背景となる世界も同時に創出する、ロールプレイング・ゲームの発想を映画づくりに結びつけることができる。主人公の視野と奥行きを体感できるヴァーチャル・リアリティは、来るべき新たな作品のフォーマットとなるのかもしれない。そして映画それ自体は、劇場や地域のコミュニティセンター、または世界中の家庭で、ライブで公開されるのかもしれない。そうした動きが推進されると、「映画作家」というのは、もっとも高度なレベルで、しかも私がまだ想像もつかないような方法で、作品発表のための、新たなフォーマットを使いこなす仕事になるのかもしれない。

もちろん私たちは、初めてテレビが発明されてからずっと、ライブ（生放送）というものに慣れ親しんできた。――実際、一九五〇年代半ばにビデオテープという技術革新が為されるまで、テレビはライブが主流だった。しかし私自身が興味をひかれているライブ・シネマは二一世紀、それも二〇一〇年代になってから登場したばかりだ。本書の目的は、決して生放送時代のテレビや映画製作の創世記を回顧して、ノスタルジーにふけることではない。そうではなくて、このライブ・シネマという新しい表現形式を追求すること、他のクリエイティブな発表形式とそれが、いかに違っているかを発見すること、あるいはライブ・シネマの何が美点で、それがなぜ必要なのか、さらにはどうすればその形式を利用し、しかもその技術を他者に伝えられるのかを見つけること、それが本書の目的だ。

本質的にこの新しい表現形式は、あくまでも映画なのであり、決してテレビ番組ではない。しかし形式は映画でありながらも、ライブ・パフォーマンスのスリルも失っていない。これらすべてを考えていくにつれ、私はもっと研究し、もっと学ぶ必要があると思った。ただ単にライブ・シネマとは何かを語るためだけでなく、それを実践するためにである。そこで私は、このアイディアを実行に移すため、実験的な二つのワークショップを始めることにした。ひとつはオクラホマシティ・コミュニティ・カレッジ（ＯＣＣＣ）の施設で、もうひとつはその一年後にＵＣＬＡ（カリフォルニア大学ロサンゼルス校）の演劇・映画・テレビ学部でと、場所を変えて実施した。どちらにおいても、私は多くを学ぶことになった。それこそとてもじゃないが、ひと口で言うには不可能なほどの、あふれんばかりの知見と実践を得ることができたのだ。そのため、そうしたことをコンパクトで読みやすい本に残しておこうと決意し、そこで書かれたのがこの本というわけだ。

いま読まれつつあるこの本は、マニュアルであり、ライブ・シネマを作ろうとして直面するであろう、多くの困難や課題解決の方法に関するガイドである。それはたくさんの役者たちを巡ってのあらゆる難題や、どうやって彼らに下稽古を積んでもらうか、といったことから、本来的にはテレビのスポーツ番組用に開発された、先端的テクノロジーの活用法まで、きわめて詳細にわたっている。もちろんいつの日か、私自身の企画原作において、ライブ・シネマをメジャーの製作で実現することが私の夢だ。しかし多くの事情によって、その夢を実現することは難しい。だから私は、私の後に続く誰かが、このライブ・シネマのワークショップから学んだことを記録した本書を読み、この新しい芸術形式での製作に役立ててくれることを願ってやまない。

私自身について

一九三九年に生まれ、科学が大好きな少年として育った私は、我が時代に生まれた新たな驚異、テレビジョンというものに深く魅入られていた。クラシック音楽の演奏家であり、トスカニーニの率いるＮＢＣ交響楽団の首席フルート奏者だった私の父もまた、新しく誕生したこの革新的な製品に魅せられていた。彼はさまざまな技術に長けた巨匠であるとともに、映画が話すことを可能にした機械であるヴァイタフォンを設計した、もの作りさえやっていれば他に何もいらないといった種類の人物を父に持っていた。私の最も古い思い出は、父がニューヨークにある機械部品の小売店「ラジオ・ロウ」から、いつも何かしら買って帰ってきたことだ。中でもいちばん直近のものは、たとえば第二次世界大戦の終わり頃に作られた機械、プレスト社のレコード盤を使った家庭用レコーダーであり、鉄線磁気レコーダーであり、そして最初のテレビセットだった。それは私がまだ七歳の頃で、そういった機械や道具をいじるには、まさに完璧ともいえる年齢だった。だから小さな画面のモトローラ社製のテレビが、ロングアイランドの我が家にやって来たときは、まさに天にも昇る思いだった。

あれは一九四六年。実のところまだ番組なんてほとんどやっていなかった。だから私はそこに何か映らないものかと、画面のテストパターンを何時間も眺めていたものだ。そうした初期のテレビ番組を私は忘れられない。その頃の『ハウディ・ドゥーディ *Howdy Doody*』は、何年も後の有名なパペットとはまるで違った。その当時は、ひょろりとのっぽの、あか抜けないブロンドで、その顔を包帯でぐるぐる巻きにしていた。というのも大統領に立候補するので顔を隠していたからだ……と私たちは教えられたが、本当は整形手術を行っていたのだ。もちろん私たち子どもは、著作権訴訟が進んでいたことなど知る由もない。そのパペットの実作者が彼のキャラクター権の譲渡を拒否すると、権利関係をクリアした新しいデザインのパペットが視聴者にお披露目されることになった。その他、ニュージャージーから放送されるチャンネル13に、何本かのアライド・アーティスト社の西部劇が登場した。そして、デュモン・テレビジョン・ネットワークが、5チャンネルで放送を開始し、その中には『キャプテン・ビデオとビデオ・レンジャーズ *Captain Video and His Video Rangers*』もあった。九歳のとき、ポリオに感染した私は、囚人のように部屋に閉じ込められ、何体かのパペットや、テープレコーダー、そしておもちゃの16ミリ映画の映写機と共に、テレビに完全集中することになった。その一年間というもの、私は五年生だったが、自分の兄弟姉妹のほかに、他の子どもとまったく接することなく、才能ある子どもたちが演じ、世界一ゴージャスな少女たちが歌って踊る、ホーン&ハーダートの『チルドレンズ・アワー *Children's Hour*』にすっかり夢中だった。

これは後に私が成長し、歩行能力を回復してからも見続けた番組だ。十五歳になる頃には、私は自分でもシナリオを書けるのではないか、と思うようになり、この麗しきテレビの黄金時代にすっかり魅せられていた。まさにライブのドラマで知られた時代であり、『フィルコ・テレビジョン・プレイハウス *Philco Television Playhouse*』や『プレイハウス90 *Playhouse90*』といった番組では、若き日のロッド・サーリングやパディ・チャイエフスキーが脚本を書き、アーサー・ペンやシドニー・ルメット、そしてジョン・フランケンハイマーら、若手監督が演出したオリジナルドラマであふれていた。『マーティ *Marty*』や『酒とバラの日々 *The Days of Wine and Roses*』、そして『レクイエム・フォー・ア・ヘビーウェイト *Requiem For A Heavyweight*』といった、アーネスト・ボーグナイン、ジャック・パランス、パイパー・ローリー、クロリス・リーチマンたちが出演した、すばらしくも野心的な作品は（これらテレビのための劇の多くが、すぐに映画版としても製作されることになる）、ビデオテープで記録できるようになる以前のこの時代においては、生(ライブ)で演じられていたのだ。当時ティーンエイジャーだった私にも、これら印象的な作品のいくつかは、彼らなりのスタイルと、その力強いショットや映画的表現によって、まるで映画作品のように目に映っていた。そして、これらの中でも最高のものは例外なく、後に数多くの偉大な映画を送り出し、映画監督として成功を収める、ジョン・フランケンハイマーの手によるものだった。実のところ、ライブ・シネマについての私の考えは、ライブ放送でのフランケンハイマーの仕事を見て着想したものなのだ。当時感じたことは、今もなお私の中に残っている。

私がこの本で実現したいことは、ライブ・シネマという考え方を詳らかにし、実際にそれを製作するための技術を探求することだ。それによって得られるであろう収益性と、表現上の明らかな限界についても、同時にはっきりさせておきたいと思う。駆け出しの頃は劇場で修行を積み、脚本家、製作者、映画監督として人生の多くを費やしてきた私の演出家としての見通しでは、ライブ・シネマの方法論で作品を作る夢を、決してあきらめる必要はない。今日の技術はまだ変革の端緒についたに過ぎない。いや、それだからこそ、ますます実現の可能性は高まっている。こうした考えを口にすると、ほとんどの人からは「何のために?」、「なぜ演出家として統率できる立場を放棄する?」、「ライブ・シネマと通常の映画とは何が違う?」といった反応がかえってくるのだが、さらに高度の学びを得られるよう、それらの疑問にも折に触れて答えていければと思う。私が本書で議論することのほとんどは、二度の実験的なワークショップを通じ、強烈で個人的な影響関係を通して学んできたことである。そこでは現在まだ推進中の、長大な(映画)脚本の一部も扱っている。そのタイトルこそ『ダーク・エレクトリック・ヴィジョン *Dark Electric Vision*』だ。

第1章——ワークショップの概念（コンセプト）

幾人かの俳優たちに、私のスクリプトを読みこんでもらった後、私はもっと演劇的に読み合わせをすることにした。それは、ライブで演じたり、限定的な劇場でビューイング放送したりするのに向いた場面を、実際に演じてみる段階へと発展させるプロセスだ。ライブ・シネマの可能性を追求するため、これらのワークショップを開くことを決めたときのそもそもの私の考えとは、私のスクリプトからの幾ページかを使って、アマチュアの俳優たちに試演できる場を与えたいというものだった。もちろん小規模上演のために役立てばとも思っていた。しかしすぐにわかったことは、アマチュア俳優たちはとても忙しく、スケジュールもいっぱいだということである。そのとき、テキサス州オースティンのことが頭に浮かんだ。そこはいくつかの活発なプロダクションのある街で、私の考えを個人的に実践してみるのにふさわしい場所だ。しかし現地ではすでに映画製作が進行中で、ほとんどの施設はすべて予約済みだった。続いて考えたのは、オクラホマシティ・コミュニティ・カレッジ（ＯＣＣＣ）だ。長年、仕事上のつき合いがあるグレイ・フレデリクソンがそこで講座を開いており、以前、新しい施設のための資金を得るために彼が私に講演の依頼をしてくれた縁があったからだ。そのアイディアは最終的に、私のスクリプトから五十ページ分くらいを試演し、その間のクラスの指導を私が行うという形で落ち着いた。ワークショップの参加者は、現地オクラホマシティのアマチュア俳優たちだ。

しかるべき構想のもとに、私が現場に着いたのは二〇一五年四月一〇日。まずは現地でのキャスティング作業だ。俳優たちの中には、近隣のダラスから来た者もいた。続いてOCCの学生から七〇人ほどをさまざまな役割を持ったスタッフとして配し、五月に再訪してからはリハーサルの後にセットとカメラも使った演技体験をし、おしまいにはいくつかのプライベート試写室で、ライブパフォーマンスの試験放送をする。ここまでの計画に六週間を費やした。この期間ではとても多くのことを学ぶことができ、一年ほど後には新たな学びの項目を追加し、ワークショップ第二弾をやりたいと思った。私の新たな関心は次の通りだ。

1. 衣装をつけた大勢のエキストラたちが出演する場面を、一日でまとめて撮りきることはできないか。また、彼らを主要な俳優へと役割を拡大すること、そしてEVS機器を使うことはできないか（EVS、スラングで「エルヴィス」とも呼ばれるリプレイ専用のサーバのこと。この驚くべき機械のことは、この後も折りに触れて何度も言及することになるだろう）。
2. 通常の舞台で使うセットや小道具でなく、もっと軽量の書き割りパネルや小道具を使って作った舞台のショットを、カメラで撮ることはできるか？

3. 躍動的で表現豊かな字幕をつけながら、セリフをイタリア訛りで演じさせることは可能か。そしてその字幕はフレーム外に、サイズを変えて出すことは可能か？
4. 目を見張るようなライブスタントを導入することは可能か？
5. ライブで撮影しているカメラ映像と、あらかじめ撮影済みのショットを保存したＥＶＳの映像を、相互に、しかもスムーズに切り替えることは可能か？

もしこれらの課題に対する答えを得られれば、ワークショップでの実験は成功であり、かけた費用と努力に値するはずだ、と私は考えていた。

基本単位（ベーシック・ユニット）

芸術分野においては、往々にして全体を構成するための、ひとつの基本単位、すなわちユニットがある。たとえば散文の著作物では、ただ書くことがすべてであり、それが新聞や雑誌の記事、あるいは小説というものなのだが、その基本単位といえば文章、センテンスということになるだろう。もしあなたが立派なセンテンスをものにしたなら、それをどんどんつなげていくことで、立派な段落、パラグラフになるだろうし、それをさらに重ねていけば、優れた章、チャプターを生み出すはずだ。さらにそれを積み重ねていけば、やがて本格的な書物を著すことができる。私のＯＣＣワークショップでは、映画の基本的な単位をショットだと教える。物語を伝えてくれるのはショットだ。私たちがサイレント映画から学んだように、ショットはその全体の中の、短い構成要素のひとつであり、偉大なシークエンスを作りだすために、編集されるのを待つ素材となる。あるいは、ショットが長く複雑なものとなり、それ自体で物語の大半を語り得ることもある。たとえば小津安二郎の映画がそうであり、あるいはその真逆の取り組みではあるが、マックス・オフュルス作品の大規模なカメラ移動を伴うショットがその好例だ。

「ショットはひとつの単語にすぎない。しかしセンテンスならなおのこといい」。長い年月、私は仕事場の掲示板にピンで留めたメモにそう記していた。「物語とキャラクターを書き留めておけ」。私たちの議論にふさわしい言葉だ。

1. キャラクターはその行動によって表現される。
2. 物語は主要な登場人物の間の特別な瞬間を通して語られる。
3. 印象に残る瞬間はしばしば言葉を伴わない。
4. 何か事件を起こさなければならない。
5. 必要なのは、エモーション、パッション、サプライズ、畏怖である。
6. ショットは単語となるが、それがセンテンスになればさらによい。
7. 観客は登場人物と共に物語に巻き込まれたがっており、その思いをさらに加速させねばならない。
8. 紋切型(クリシェ)を知れ、凡庸を知れ。

9. 観客は彼ら自身と彼らの人生が物語に反映され、そこに光を当ててもらいたがっている。

最近のことだが、娘のソフィアが私に電話をかけてきて、このリストをピンで留めたと言う。そして「『ショットは単語となるが、それがセンテンスになればさらにいい』ってどういう意味なの?」と聞いてきた。私はそれがどんなつもりだったのか自分でも思い出そうとしながら、そして彼女が(そして私自身も)いまいちど想起しなければならないことは、「ショット」の概念におけるもっとも究極的な二つの支柱が、マックス・オフュルスと小津安二郎の映画の中にあるということだった。小津(一九〇三 - 一九六三)は日本映画において、その生涯を通じて映画監督として、脚本家として活躍した。その長いキャリアを通じて、彼はコメディからシリアスなドラマまでを、独自のスタイルで発展させてきた。そのスタイルにおいては、カメラはめったに動くことはない。そしてシーンを持続するために、非常に美しく構成されたショットを手中にしていた。このカメラの動きの欠如は、登場人物の入場と退場をいちいち、非常にダイナミックなものにしている。彼らはフレームのあらゆる方向から、出たり入ったりする。左から右へ、右から左へ、奥から手前へ、手前から奥へ。小津映画においては、ショットのひとつひとつが、大切な単位(ユニット)となっている。ちょうど美しく積み上げられた石造りの壁の、石のひとつひとつのように。それに比べて、マックス・オフュルス(一九〇二 - 一九五七)のスタイルでは、カメラはほとんど休むことなく動き続ける。ドイツに生まれ、ドイツ、フランス、そしてアメリカで活躍したオフュルス監督については、俳優のジェイムズ・メイスンが書いた短い詩が、広く知られている。

連鎖を要求せぬショット
それは老マックスの絶えざる苦悩の元

純粋にしてシンプルな、この二人の対照的な映画的スタイルは、キャリア初期の私の中にどっしりと根をおろした。本質的に異なるスタイルを持った、二人のもっとも偉大な撮影監督、ゴードン・ウィリス（『ゴッドファーザー *The Godfather*』〔一九七二〕）とヴィットリオ・ストラーロ（『地獄の黙示録 *Apocalypse Now*』〔一九七九〕）との間で、私は非常に多くを学んだ。そう、実に多くを。『ゴッドファーザー』の、古典的なスタイルにおいて、個々のショットはシーンを構成するレンガであり、それがすなわち偉大なレンガの壁全体の見取り図になる。ウィリスによると、ショットの中にすべてを包含することはできないし、そうでなければ次のショットへとつなげる理由がなくなってしまうのだという。そして全体像というのは、個々のショットにそれに続くショットを加えていく、その配置によって有効に生み出されるのだと。一方、ストラーロによれば、カメラというのは動くペンのように用いるべしという。『地獄の黙示録』において、ある要素から別の要素へと自在に移行したように。

結局のところ、私がソフィアに（そして私自身にも向けて）伝えたことは、ショットというのは、シンプルなアイディアをその中で表現する、「言葉」のようなものである、ということだ。たとえば「市庁舎のショット」という言葉で意味することは、ただひと言「此処（ここ）」というものだ。言い換えるなら、リンチされた男の影を落とす市庁舎のショットがあるとする。するとそれは「此処は正義なき場所だ」というセンテンスになるのだ。

ライブ・シネマの言語

以上述べてきたように、映画における基本単位はショットであり、同様に演劇における基本単位はシーン（場）である。テレビならそれはイベント（出来事）だろうか。生中継によるスポーツ・イベントなら、そのイベント（出来事）を、どのショットがカバーできるかの判断が必要である。ところが映画の場合は、ショットだけでなく、ひとつのショットを別のショットにつなげることで生まれる魔法のような効果、すなわちモンタージュとして知られる技法もあわせて、入念にデザインされているのだ。

映画作家なら、それぞれ単体では意味を持たないひとつのショットを別のショットにつなぐことで、そこに意味が生まれるということは、映画という芸術が始まった初期の頃から知っている。ロシアのセルゲイ・エイゼンシュテインが、その作品の中でモンタージュの持つ絶大な効果によって、世界を驚かせたのは一九二〇年代のことだ。そして最初期の映画の先駆者たちは、鉄道線路にしばりつけられたヒロインのショットに、疾走する列車のショットを挿入（インターカット）することで、観客の心にすさまじい心的インパクトを与えられるということを、すでに心得ていた。

演劇においては、そうした映画的なショットとショットの相克というものは、もちろんまったくないとは言わぬまでも、まずめったには起こらない。演劇の場は毎晩違っている。なぜなら観客も毎晩違うし、俳優たちは彼らと相対する観客の反応に応じて、その場の演じ方を身につけ、整えていくからだ。そこで改めていうと、映画の基本単位はショットであり、テレビの基本単位は被写体をとらえうる領域、そして演劇においてはシーン（場）である。もちろん、その三つすべてに共通する基本単位とは、エモーショナルな瞬間だという意見もあるかもしれない。しかし、その瞬間を達成する手段が、それぞれ違うのだ。

私のOCCにおける最初のワークショップでそのことははっきりした。ライブ・シネマにおいてさえ、ひとつひとつのショットが他のショットに対応するカットとなるべく、明確な目的と意味が必要なのだ。言葉を変えると、明晰にして明確なショットというのは、映画の文法にのっとって、物語を先へ先へと進めるストーリーテリングのために必要とされる。さもなければ、ショットはただ単に芝居をしているかのようにシーンを形づくる、カバレッジ（おさえのカット）に過ぎなくなってしまうだろう。たとえば、テレビの演技で使われる、クロースショットやミディアムショット、またはロングショットのように。私が求めているのは、あたかも映画のような表現の達成だ。必要なのは単なるカバレッジなどではなく、物語をすぐれて映画的に語り尽くす、建造物を形づくるリアルなブロックひとつひとつのようなものなのだ。

現在のテレビの生番組では、たいてい限定的なセットや、場合によっては場所・時間・主題のどれかが単一のもの、たとえば法廷ものや、限定空間の劇（『十二人の怒れる男 *The Twelve Angry Men*』〔一九五四〕や『黄昏 *On the Golden Pond*』〔二〇〇二〕のような）といった、劇場型がベースのドラマ、またはミュージカル劇の製作ともかくらんでいる。私は舞台装置のセットのような枠組みで作るものとして、自分の作品をイメージすべきであることを実感した。私にはいくつかの基本的な家具と、書き割り、実物ではないセットとロケーション（訳注：第5章「セットとロケーション」を参照のこと）しか与えられていないという事実に直面したのだ。私はそれ自体の目的にかなうよう、そしてセットにおける制限に触れぬよう、ショットの組み立てを考え始めた。たとえば、ベッドに妻がいて、そこに電話が鳴り、その電話を夫がとる。その電話は彼の母親からで、「すぐに行くから」と彼がそれに答えるといった、そんなショットが必要だとする。このショットを実現するための課題は、ベッドと目を覚ました妻と関連づけつつ、夫と電話をどこに配置するかという、まったくやりにくい状況の解決だった。

単純ながらこうした整理は、セットというものがさして重要ではないということを教えてくれる。少なくともショットの大切さほどではない。普通、テレビであればここで意識しておくべきことは、俳優たちの芝居がより力強く効果的であることであり、つまりはショットを作るということだ。通常、映画監督はセットの中の俳優に向けてカメラを設置する。シーンのためにカメラをセッティングし、俳優とセットはそのシーンの中に包括される。すると最大限に説得力あるショットを生み出すためには、セットと俳優のポジションはカメラのフレーム枠が規定することになるだろう。俳優とセットの位置について、カメラの方が合わせにいくということはしない。だからテレビの生放送で使われる固定式のセットでなく、そのシーンで撮られるショットの中で、俳優に与え得る要素が何なのかを考え、それを適切に配置することが、ライブ・シネマにおけるセット・デザイナーに求められることなのだ。要するにこれらショットの連続とは、アニメーション映画の準備におけるストーリーボードのようなもの、生身の俳優が物語を演じるために作られた、一方から

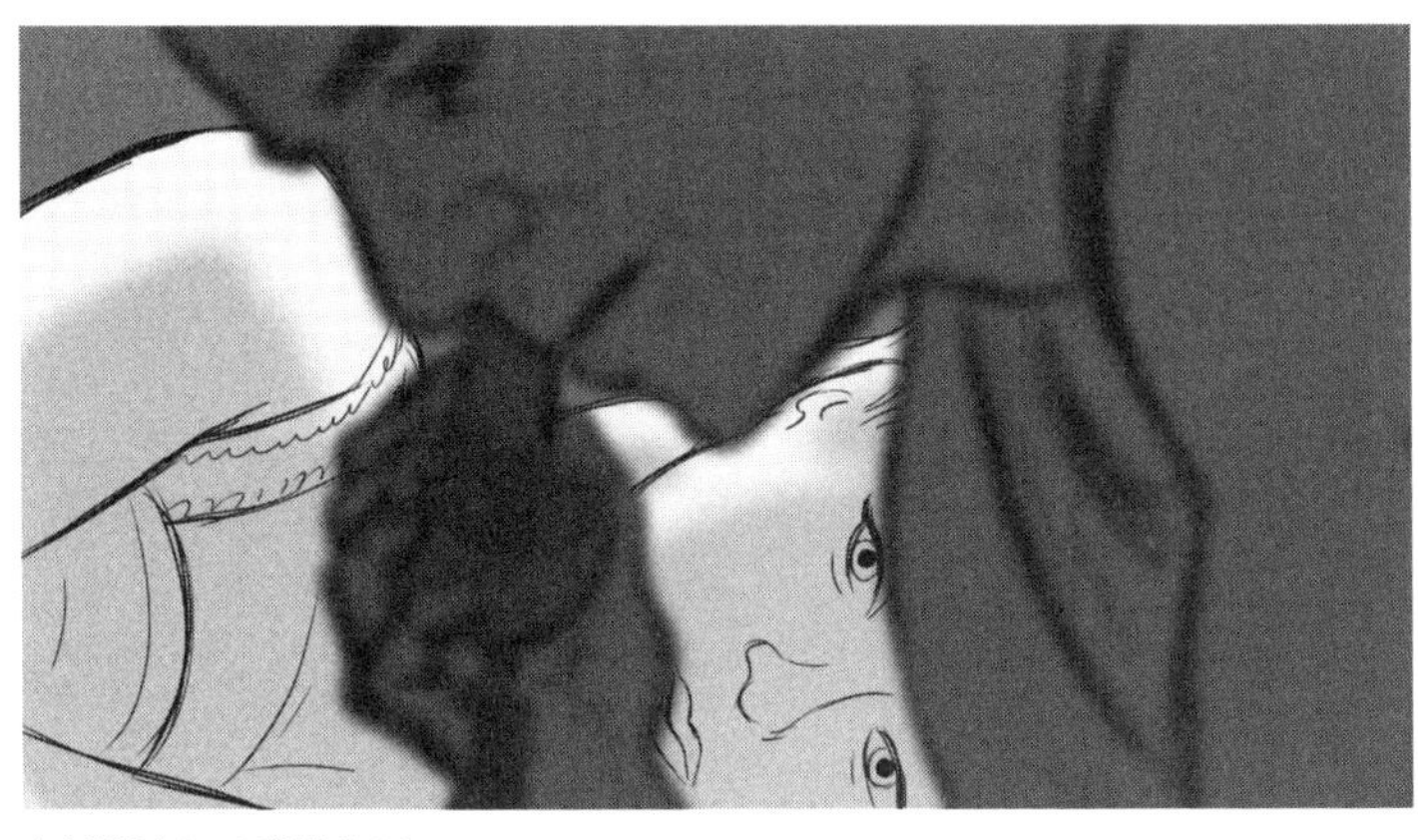

夫と電話をどこに配置するか。

一方への入退場の段取りのようなものなのだ。

［アルフレッド・］ヒッチコックは、自分の望むショットを実現するため、小道具を大型サイズで作らせたというが、やはりこうしたことをわかっていたのだろう。しかしそれが方法論として映画やテレビの歴史に現れるのは、わずかな例外しかない。一九四〇年代の半ば、ロンドンのJ・アーサー・ランクのスタジオでデヴィッド・ローンズリーが開発した、「インディペンデント・フレーム」として知られる製作システムが一時的に採用されたときのことだ。そこでのショットは、（ちょうどディズニーのストーリーボードのように）事前にデザインされ、各ショットのためのセットはカメラを乗せる台の上に設置されるので、マスプロダクションのスタイル（リア・プロジェクションを使う）で撮ることができる。しかしながら、このシステムは映画を作るための時間と予算の削減には役にたったが、ライブパフォーマンスの役には立たないものだった。このシステムで作られた作品はごくわずかのはずだ。そこで以前、リチャード・アッテンボローに会った時、彼が若手俳優として出演したインディペンデント・フレーム・シス

テムで製作された映画について、覚えていることをたずねてみた。彼が話してくれたことによると、俳優たちはあらかじめデザインされたショットの中で演じることを、とても窮屈に感じていたとのことだった。最終的にこのシステムは打ち捨てられた。そして使えそうな演台だけはパインウッド・スタジオの有用な小道具として、長く残されたという。

ライブ・テレビジョンは、その特別な外見(ルック)に何をもたらすか

あなたがテレビの生放送番組を見ているとき、あるいはテレビドラマやミュージカル・ショーを見ているときでも同じことなのだが、それが事前録画されたものであるか生放送であるかということを問わずして、あなたはそれが「テレビ放送」であることを自明であるかのように認識している。それはなぜか。たとえば映画作品がテレビで放送されるとき、もちろんそれらは映画として見えているわけで、それを放送物であるか否かなどと、わざわざ考えはすまい。その理由はいくつかある。第一に生放送のテレビというのは、大きなズーム（テレフォト）レンズを要した複数台のカメラを使うことが多い。だからカメラは位置を変えることなく、クロースアップもロングショットも両方撮れるし、一方のカメラが、もう一方のカメラから見えてしまうということもない。ソープオペラであろうが、生の音楽番組であろうがそれは変わらず、それがテレビでカバレッジ（おさえのショット）を撮る方法である。ズームを擁するこれら大きなレンズは複数のレンズを持つレイヤー構造のため、大量の照明を必要とし、従って天井部にグリッド状にとりつけた、たくさん

フロアランプと窓外から差し込む光で構成された場面。

の照明機材を使うことになる。そんなグリッド配列は、これらのレンズが機能を発揮できるよう、十分な照明を供するだけでなく、撮られた画面はきれいに明るく見えるので、映像制作の「お偉方」の納得も容易に得ることができる。

映画の照明はそれとは大きく異なる。ショットを一度に撮るために、カメラがもうひとつのカメラの前にくることのないよう注意しつつ、被写体に接して置かなければならない。しばしば（ズームではない）フラットレンズが使われるが、それはより迅速かつ敏感に光をとらえるためであり、そのためには光量が多すぎてはいけない。照明は天井のグリッドからくる強いものではなく、床の高さからあてられるべきだ。このことは、シーンの照明のためには、フロアランプや通常の室内照明器具でも十分だということを意味する。または窓外から差し込む光や、別のフロアからの照明を用いることができるのなら、それによって頭上のグリッドから発される強烈な光より、ずっと美しいバランスで光と影を作ることもできる。それはより映画的な照明なのだ。そして注意深く構成されたショットに寄り添い、きわめて映画的な外見（ルック）を作品にもたらしてくれる。

もちろん、ズームレンズを使わないことは、その他の問題の原因ともなる。なぜなら、これらのより通常の映画方式のショットは、実際にはしばしば他のカメラの視野に入ってしまうか、うまく隠すことができたにせよ、それらのショットは実際に監督が望むものからは遠く、妥協を強いたものになるからだ。そうした欠点は、私の最初のワークショップではまだ顕在化していなかった。というのも、まだそのときは実際のセットが用意されていなかったし、室内の観葉植物や家具の後ろに、カメラを押し込んで隠してしまえば、この問題は簡単に解決できたからだ。しかしUCLAのワークショップでは、もっとたくさんの正式なセットを作ったがゆえに、カメラを隠すことができず、私はまたもやベストショット、いや、少なくとも求めるレベルのショットをものにできないことに、イラだつことになった。なぜならこうしたことは、他の重要なショットの、いつもちょうど中盤あたりで起こるからなのだ。これは間違いなく撮影現場の限界だった。しかし、この問題を解決する方法も明らかになった。だからもし三回目のワークショップがあるならば、こうした問題を克服するために、いくつかのアイディアを提供できるだろう。

私がUCLAのワークショップで学んだことは、より少ないカメラでより多くのショットを撮る方法だった。このシンプルな工程で、たとえばある場合には九台のカメラをだいたい三台まで減らせるだろうし、そうすればカメラを置いたり、それが互いに映りこんでしまわぬよう隠したりといった作業は、大幅に楽になるはずだ。そこで次回は、何台かの8Kカメラを使えればと思っている。四倍以上のシャープネス(sharpness)と解像度(resolution)と画質(quality)を誇るカメラで、8Kのマスターショットから、たくさんのクロースアップをとることができるだろう。もし、一方のカメラが撮っている側の反対から狙った、切り返しショットを撮るためのカメラをうまく隠せれば、私は自動的にマスターショット（可能な限り広範囲を撮ったショット）に加えて、たくさんのクロースアップを手に入れることができるはずだ。そうすれば、たとえ私のマルチビューア（コントロール）でも、おそらく四つそれぞれ別々のクロースアップを見ることができる。それらはすべて一台の隠しカメラから撮ることができて、私はどれでも好きなショットを選べるのだ。

数年前、私はすばらしい映画監督、バーベット・シュローダーの『アムネシア *Amnesia*』（二〇一五）を、おおいに楽しんだ。それはスペイン海岸のイビサ島で撮影された、彼の母親についての作品だった。非常に美しく、かつ効果的だと思ったが、バーベットに聞いてみると、驚いたことにすべてのショットは8Kカメラで撮ったものだという。いくつものカバレッジ、すなわちクロースアップもツーショットも、すべてひとつのマスターショットから作られたのだと。それを聞いて、私は映画学校で習った本のことを思い出した。それは『中国絵画の方法 *The Way of Chinese Painting*』（Vintage）という、巨大な絵画がいかにたくさんの小さな構成物に分解することができるかを説明した、非常に美しい本だった。

要するに、バーベットが私に教えてくれたことは、この映画のすべてのショットは、ひとつの高解像度で撮られたマスターショットから再構成されたものだということだ。にもかかわらず、このように映画のショットとしてまったく完璧に鮮明にしてクリアで、なんの遜色もない。それはつまり、ライブ・シネマを撮るにあたってはひとつのシーンの中に七台も八台もカメラを隠そうとするのではなく、たった一台、もしくは二台か三台の8Kマスターのカメラがあればよい、ということを意味する。そうすれば、演技の最中に隠しておかなければいけないカメラはぐっと減るし、ちょうど私が九台のカメラでやっていたのと同じように、誰もがマルチビューア・モニターでカバレッジやクロースアップをあらかじめ確認することができる。

たったひとつのマスターの拡縮ですべてのカバレッジを作るということは、退屈で見え透いたものになるんじゃないか、と私は思う（しかし『アムネシア』を見ている間は、ちっともそんなことを思わなかった）。だから二つのマスターで遠近のバリエーションを作るのだ。すなわちカバレッジを撮るためのカメラが映りこまないよう、セットのクローゼットや壁の中に注意深く隠したり、UCLAで私がやったように、困難なアングルのものはあらかじめ事前に撮っておけばいい。『アムネシア』の試みは興味深くはあるが、私が望むものでもないのだ。

それでもライブ・シネマを作るのはなぜなのか？

この問題は、今もなお私の頭の中を占める課題であり続けていることを認めなければならない。それでもライブ・シネマを作るのはなぜなのか。ライブパフォーマンスの表現を突き詰めるだけのために、古典的な映画監督が担っていた、作品をコントロールする権限を手放すのはどうしてだろう、私はいつも自分にそれを問うている。もし私が真に映画的なルックや結果を得ることができるのなら、そしてもし私のライブ・シネマのできあがりが、結局は映画と同じものに見えるのだったら、普通に映画撮影をするように作ればいいではないか。実際のところ、ライブパフォーマンスが何をもたらしてくれるというのか。それに観客はそれがライブで演じられているなどと、どうしてわかるのか。ちょうど今が五回裏の同点だと思い込んで野球中継を見ていたら、実はその試合はもうとうに終わっていて、どっちのチームが勝ったかを知ってしまうと、とたんにその試合が昨日の新聞記事での結果と同じものになり下がるのと同じで、無駄で退屈で、見る気も失せてしまうのではないか。こうした場合、その映像がライブなのか録画なのかを知っているのと知らないのとでは、いったい何が違うのだろう。というのは、映画とは、それ以前に演劇も同様なのだが、それが観客に与えてくれる経験にこそ関わるものだからだ。ライブパフォーマンスがより明晰でより楽しめるものになるように、演出家はいったい何ができるのか。私の二度目のワークショップでの実験でやろうとしたことは、とにかくパフォーマンスをまさに映画のように感じさせ、映画のように機能させることだった。だから私は人々に、たとえば「ライブだからなんだというんだ！　まるで映画みたいだ！　まさかライブだとは思わなかった！」といったような反応を示させることには、それほど関心がなかった。

いろいろなことが起こった。第一に、二度目のワークショップのパフォーマンスでは、わずかながら不運な出来事や、欠陥があったのも事実だ。タイムレコーダーの時間表示はそれがライブパフォーマンスであることを露にしていたし、キューを間違えると、それが逆にある種の息抜きになるように感じている者もいた。となると、ライブ・シネマの監督はその現場に、何かしらトラブルをわざと持ち込むべきなのだろうかとさえ思わせられた。俳優たちが演技をしている間、意図的に主要な小道具、たとえば脚立などがとっぱらわれていたり、あるいはその場面ではほとんどあり得ないような演出指示が出されたり、または何とか乗り越えねばならないような、突発的事態に直面させられるといったような。たぶんそうすれば、公演にいくばくかの危機的な瞬間をもたらし、そのいかにもライブならではの出来事を、鑑賞者はおおいに楽しんでくれるだろう（その後に障害を作ればもっとウケるだろう）。

私の二回のワークショップの放送は、それぞれ製作方針をカードに書いてそれを説明することから始まった。しかしおそらくは、そうした時間を用意しておくべきだったのだ。この声明に従った、いろいろな舞台裏——各種のセット や、カメラ、クルー、設定——の準備を指示したクリップを示すことで、これがライブ作品なのだ、という自覚を引き出すことができたのかもしれない。ちょうど野球の生放送を見るときのように、そのすべての突発事態におけるパフォーマンスがすべて生放送なんだと思えば、おおいに楽しんでもらえるだろう。誰もがライブショーを待ち構えていて、まだその成り行きを誰も知らず、時計が実際の時間と同期しているのを見ると、ライブ感を得ることができて、うまくいくかどうか、最後までハラハラし続けるに違いない。

第2章——

オペラ、映画、テレビ小史

スコットランド系アメリカ人の発明家、アレクサンダー・グラハム・ベルは音声送信の革新で知られる一方で、離れたところから電気の力でものを見る、という可能性にも関心を寄せていた。ベルの発明した電話という機械は、もともとは聴力に障害のある人の会話を支援するのが目的だった。彼はその機械が耳の不自由な人の助けとなるよう、画像の送信もできないかとも考えていたのだ。しかし画像の電送は、音声だけを送信するよりもはるかに困難だったので、いつしかその考えは破棄されたとされている。私はここに一九〇八年六月四日付のイギリスの科学誌『ネイチャー』のコピーを持っている。電気テレビのアイディアが、初めて正式に言及された号だ。科学者のシェルフォード・ビッドウェルによる「電送写真と電子映像 *Telegraphic and Electric Vision*」という記事で、当時は「ディスタント・エレクトリック・ヴィジョン *Distant Electric Vision*」と呼ばれている。

このアイディアは、ベルまたはビッドウェルだけによるのではない。ロシア、フランス、アメリカ合衆国、

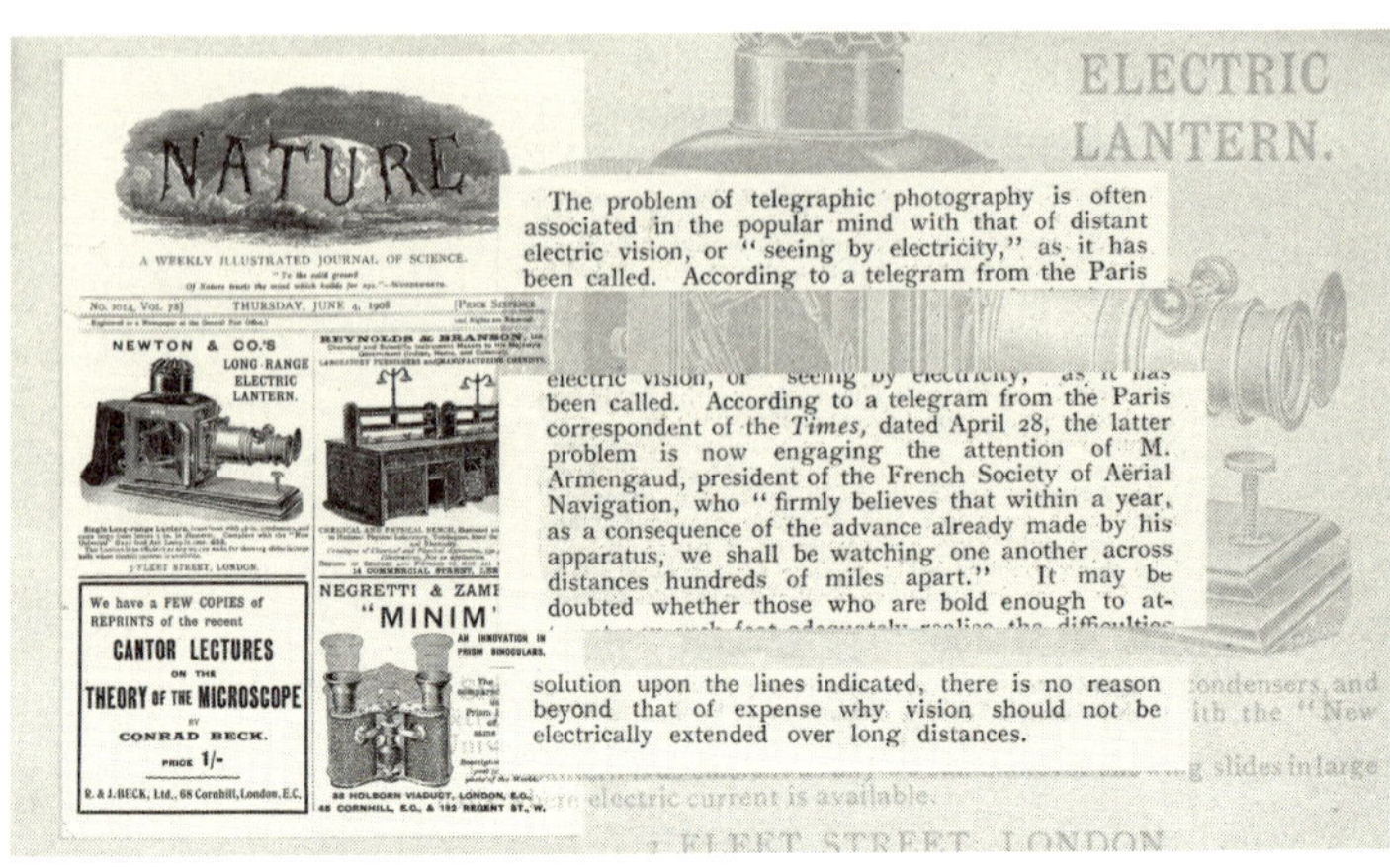

NATURE

A WEEKLY ILLUSTRATED JOURNAL OF SCIENCE.

THURSDAY, JUNE 4, 1908

NEWTON & CO.'S LONG RANGE ELECTRIC LANTERN.

REYNOLDS & BRANSON

We have a FEW COPIES of REPRINTS of the recent CANTOR LECTURES ON THE THEORY OF THE MICROSCOPE BY CONRAD BECK. PRICE 1/-

R. & J. BECK, Ltd., 68 Cornhill, London, E.C.

NEGRETTI & ZAMB[RA] "MINIM"

ELECTRIC LANTERN.

The problem of telegraphic photography is often associated in the popular mind with that of distant electric vision, or "seeing by electricity," as it has been called. According to a telegram from the Paris correspondent of the *Times*, dated April 28, the latter problem is now engaging the attention of M. Armengaud, president of the French Society of Aërial Navigation, who "firmly believes that within a year, as a consequence of the advance already made by his apparatus, we shall be watching one another across distances hundreds of miles apart." It may be doubted whether those who are bold enough to at-

solution upon the lines indicated, there is no reason beyond that of expense why vision should not be electrically extended over long distances.

1908年6月4日付『ネイチャー』

そして日本を含む、多くの国の科学者たちによって調査研究されていたものだ。「ディスタント・エレクトリック・ヴィジョン」の工学基盤では、まだ不十分で不鮮明な画像しか送ることができなかったが、ビッドウェルの記事に呼応して、もうひとりの科学者であるスコットランドの電気技術者、A・A・キャンベル・スウィントンは、陰極線による二つの信号がその問題を解決できると発表した。これは偉大なロシアの科学者ボリス・ロージングが、その弟子にあたるウラジミール・ツヴォルキンの助けを借りて探求したことでもあった。また、これらの動きとは別に、一九二〇年代には弱冠十五歳のアメリカ人、フィロ・ファーンズワースが、高校の黒板に記した電子テレビの概略プランについて開発を続け、最初に特許を取得した。そして彼から特許権を奪うために全力を尽くすツヴォルキンを雇い入れたRCAとの、困難で長い対立をファーンズワースは指揮してきた。

　しかしこれも科学の進歩における気まぐれというものだろう。その技術が最初に大衆の目にするところとなったのは映画においてだった。イギリスの写真家、エドワード・マイブリッジの動きに関する実験に触発された、アメリカの魔術師トマス・エジソンの発明である、キネトグラフとよばれる特殊なカメラを用いて「映画 *Moving Pictures*」が生まれた。そしてフランスのリュミエール兄弟が、その映像を大きなスクリーン上に投影することでこの動きをさらに促進し、それが「映画 *Cinema*」の誕生となった。驚いたことに、エジソンの映画（Motion picture）が登場したのは一八九三年、それから機械式テレビ（mechanical television）が導入されてほんの数年後、すなわちブラウン管を持つ近代様式の電子式テレビ（electronic television）が一九二七年に、ついに登場する。それは、映画産業からその映像言語と芸術的視野を学んだのだった。もしテレビが最初に登場していたらどうなっていただろうか？　それは誰にもわからない。

コマーシャル

かつてＲＣＡは「ディスタント・ヴィジョン」の新しく完璧な方式をもたらした。さらに「ディスタント・ヴィジョン」という言葉は公式には二つの単語に置き変えられた。「テレ」と「ヴィジョン」である。一方はギリシャ語由来で、もう一方はラテン語だ。テレ－ヴィジョンは、一九二〇年代と一九三〇年代の初期に、商業ラジオが獲得していた大きな人気を、直ちに奪ってしまった。アメリカのテレヴィジョンは「コマーシャル」の使用を採用した。それはＡＴ＆Ｔがラジオ業界で推進し、かつその効果を証明したものだった。ＲＣＡの会長で、後にＮＢＣに移籍したデヴィッド・サーノフでさえ当初こそ懐疑的だったものの、ほどなくテレヴィジョンというこの新しい媒体が、ラジオのビジネスモデルに続くであろうことを、驚きと共に認めることになった。彼とその他の世界中の経営者たちは、ラジオとテレビジョンという二つの放送媒体が、彼らが属する国家において、文化の仲立ちをするものになり得ることを認識した。しかし一方で、石鹸会社や朝食用シリアル会社などのラジオ局のスポンサーの強い意向に抵抗しがたくもあり、テレビは先行するアメリカ合衆国のラジオCMに、すごすごと付き従うしかなかった——アメリカはそうした経緯をもつ唯一の国だ。

その頃のテレビはまだ、キネスコープという、ブラウン管画面に映したものを16ミリフィルムのカメラで撮影するという、開発途上の方法でしか録画や編集ができなかった。キネスコープの品質は貧弱なもので、主に広大なアメリカ合衆国の時間差間での録画のために使われた。さらに、AT&T社によって課された、長距離回線のための均一料金設定は、長時間番組と共に国の特権的な企業をつなぐために必要であり、役割を終えたデュモン・テレビジョン・ネットワークのような先進的なネットワークの破産を余儀なくした。実用的なテレビ用のテープレコーダーが開発されたのは一九五六年で、煩雑なビデオ編集システムが、その後に続く。

それに比べると、映画は熟考して撮影ができたし、編集も容易だった——そしてこれを基本に初期の映画監督たちは、テレビが後にお手本にするような、多くのイノベーションを起こしたのだった。たとえばクロースアップに並行モンタージュ。あの豊穣たるサイレント映画の時代において、芸術的才能は隆盛の限りを極めた。プロデューサーは、ニッケルオデオン（訳注：二十世紀初頭に現れた映画館の前身）に殺到する観客たちに見せるために、二巻の二〇分リールでもなんでも喜んで用意して、映画作家たちに実験の場を与えた。ドイツでは偉大な才能が集中的に登場した。彼らはベルリンのウーファ・スタジオに集結し、永遠の生命を持つ傑作群を続々と生み出した。G・W・パブスト、フリッツ・ラング、F・W・ムルナウ、そしてエルンスト・ルビッチをはじめ、ほかにも多数の才能が情熱と想像力の限りを尽くして、この新しい芸術形式を追求していた。実際、映画におけるストーリーテリングについての仕事は、非常に印象的な素地を生んだ。後にムルナウは次のように述べている。「音声を得ることは、映画における大きな前進だ。不幸にしてその日はあまりに早くやって来た。我々はサイレント映画と共に、我々の方法をみつけ始めたばかりで、カメラのあらゆる可能性を追求しているところだった。そして今やここにトーキーが出現し、人々がマイクロフォンをいかに使うかで頭をしぼっている間に、カメラのことは忘れられてしまった」と。若き日のアルフレッド・ヒッチコックでさえ、映画を撮るためにドイツに渡り、ウーファ・スタジオを歩き回り、そこでは何か特別なことが起こっていることを目の当たりにし、その経験を後の彼の長いキャリアを通じて最大限に活用したのだった。

映画の歴史は、ニッケルオデオンと単純な二巻ものの短編の時代から、一九二〇年代のベルリンに始まり、やがて各国主要都市からついにはハリウッドで花開く、かくも美しい芸術作品へと、あっという間に進化した。テレビの最初期の形式では、録画も編集もできなかったがゆえに、ディスタント・エレクトリック・ヴィジョンに実装された用途は、映画のそれとはまるで違っていて、きわめて限定的だった。それはもともと遠く離れたところにいる親密な人と会ったり、話をしたりするのに役立つよう考えられたものだったのだ。

今日でいうFaceTimeや、警察が遠く離れた街の容疑者リストをチェックしたり、またおそらくは政治やスポーツのイベントに立ち会ったりするための装置に近い。テレビは機械の基盤に負うところの画質のせいで、機能は非常に制限されたものだったが、ボリス・ロージングやウラジミール・ツヴォルキン、それから独立独歩の見本のような高校生、フィロ・ファーンズワースらの手腕のおかげで、やがて最終的な電子的媒体として登場する。

一九三四年、財政的な悩みを抱えていたファーンズワースは、台頭しつつあったナチ体制のドイツに、後の第二次世界大戦中のプロパガンダのためにテレビを利用させることになるわけだが、その特許権を付与した。その一方で大英帝国は、一九二七年に放送を開始したスコットランドの改革者にして技術者であるジョン・ロジー・ベアードの機械式テレビ（mechanical television）にまだ頼っていた。しかしそこにベアードがファーンズワースの、電子式テレビ撮像機（electronic screen）と対面するという、悲痛な瞬間が訪れる。そのときベアードは、自分のシステムがすでに古びて、明らかに劣ったものであることを自覚する他なかった。このようにして、電子式テレビ（electronic television）の時代が始まった。ツヴォルキンの特許を手に入れ、ファーンズワースと係争中の（この若き天才の魂を徹底的に踏みにじることになる）巨大企業ＲＣＡと共に。多くの歴史的な科学の発達の一方で、その進歩へと向かう道は涙で塗り固められていたのだ。

最初のテレビの黄金時代

アメリカのテレビは、第二次世界大戦の終了に伴って本格的に始まった。ちょうど多くの若い米兵たちがニューヨークやシカゴ、その他の大都市圏で活動を始めたのと同時期だ。軍や巡業劇団の活動や、または通信隊での芸術活動に参加した多くの者は、この新しい産業に雇用されることを熱望していた。とりわけニューヨークは、そこにやって来た者たちにとって期待できる土地だった。ニューヨークの劇場もまた夜の時間のほとんどは、働きながら活躍する才能ある俳優たちの活気でいっぱいだった。そんな彼らは、午前中と午後の時間はリハーサルにあて、日曜日は撮影のために体を空けていた。スタジオも少しずつこの街に設立されるようになった。最も有名なひとつはグランドセントラル駅の最上階に、その他に九番街やブロードウェイのデュモンやワナメーカーのデパートに作られた。

最初のうちはよい題材を得るのにひと苦労だった。優勢だった映画産業は、この新しいエンタテインメントの形式に用心して、彼ら自身がこの新しい芸術形式を買い上げて、管理までできる場合を除いては、いかなる協力にも抵抗を示した。これまで四十数年もの間、映画スタジオは、あらゆる文学素材、小説、歴史物語、演劇、そしてその作者のすべての権利も含めて、オプション権を取得し、買い漁ってきたというのに。たとえばフレッド・コーのような、才能ある若いテレビプロデューサーなどほとんどいなかった（＊原註：幸運にも私は、『雨のニューオリンズ *This Property Is Condemned*』〔一九六六〕の脚本で、フレッド・コーと共に働く機会を得た。あれから時を経て、彼こそがライブ・テレビの最初の黄金時代における影の中枢だったことを知った）。コーはイエール大学の演劇科を出た後に、製作の世界に入った人物だ。最初に彼らが目を付けたのは古典作品だった。たとえば［ウィリアム・］シェイクスピアのようなパブリック・ドメインの題材だ。しかしそうした番組は、映画産業が何年もかけて切磋琢磨しつつ、高品質かつ刺激的に作り上げた作品群との比較に、耐えねばならなかった。

しかし、戦後の才能が新たな芽を吹いたとき、発想に変化が起こった。新しい世代のテレビ監督たち、たとえばアーサー・ペンがそうだが、彼らは皆この頃に兵役を終えていて、共に従軍した仲間たちの中には、若い脚本家たちもいたことを忘れていなかった。この新しい産業に加わった多くの才能たちは、そうした退役後の若い劇作家たちに存分に腕をふるわせ、彼らが書きたいものを書かせたところで失うものなど何もないと考えた。こうしてあっという間に、パディ・チャイエフスキー、J・P・ミラー、ゴア・ヴィダル、そしてロッド・サーリングといった作家たちがめきめき名を上げた。彼らの作品は現代的で、人々の共感を呼び覚まし、この新しい媒体にたいへんな衝撃を与えた。こうしてライブ・テレビジョンの黄金時代が始まった。以前シドニー・ルメットが私に話してくれたことだが、彼がテレビシリーズ『デンジャー *Danger*』（一九五〇—一九五三）の仕事で劇場からCBSに声がかかったとき、実にエキサイティングなテレビディレクターに会ったという。ルメットがその人物のアシスタントとして着任したところ、もうひとりのアシスタントはさらに若い男で、その名をジョン・フランケンハイマーといった。ある日、彼らの初めての上司となった、腕利きのテレビディレクターが、「さあ諸君、ブロードウェイの新しいミュージカルのオーディションをやるぞ」と彼らに告げ、ルメットには監督への、そしてフランケンハイマーにはステージマネージャーへの昇進を言い渡した。実はその人物は、ユル・ブリンナーだったのだそうだ。もちろん後に『王様と私 *The King and I*』(一九五六)の主役の座を手に入れる男である。

その後に続く「ライブ」時代は、文字通りテレビの黄金時代として、記念すべき時期だ。『マーティ』、『酒とバラの日々』、『レクイエム・フォー・ア・ヘビーウェイト』、『パターンズ *Patterns*』、そして『ザ・コメディアン *The Comedian*』のような、並外れたライブ・プロダクション作品は、永遠に古典として記憶されるだろう。

ライブ・テレビジョンの監督の中でも、映画監督になることを切望していたジョン・フランケンハイマーは、より映画的なスタイルを用いる傾向があった。彼のライブ・プロダクションは、私がライブ・シネマと呼ぶようになるものの最初期から、それをずっと意識していた。というのも、彼らは自分たちの物語を、ただ最良の演技とシナリオだけでなく、エキサイティングで映画的なショットと編集で語ろうとしていたのだから。しかし、フランケンハイマーは後の『酒とバラの日々』の映画版(一九六二)では監督に選ばれなかった。クリフ・リチャードソンとパイパー・ローリーが出演した彼のライブ・テレビ版は、フランケンハイマーならではの映画的ヴィジョンとあいまって、ライブ・パフォーマンスが物語に与える即時性と、胸がはりさけるような現実性のために、私にとってはさらに感動的で、感情に訴えてくるものだった。

私は一九五〇年代半ばに母が部屋に入ってきて、父がテレビに出ていることを教えてくれた日のことを、決して忘れないだろう。私は二階下の父のスタジオに、つまりテレビを置いてある部屋に駆け下りた。するとテレビには父が映っていて、そこでフルートを吹いている。しかし私がその場で振り向くと、そこにもまた父がいて、自分が映っている放送を見ながらピアノの椅子に座っているのだ。それはもうびっくり仰天なんてものじゃない。父の説明では、その番組は新しいアンペックス社(若き日のレイ・ドルビーも開発チームにいた)のビデオ・レコーダーで録画したものだという。そしてそれが生放送じゃないということは、絶対に誰にもわかりようがない、とも言っていた。アンペックス社のビデオ・レコーダーは一九五六年に発表された(フランケンハイマーの『ザ・コメディアン』が放送される前年だ)。そして東芝のVHS (Video Helical Scan) テープレコーダーが一九五九年にそれに続く。その仕組みはピックアップ・ヘッドを回転させることで、ビデオが必要とする巨大な帯域幅の問題を解決した。私にとって、『ザ・コメディアン』はライブ・シネマの傑作そのものだ。なにしろそれは映画的スタイルで撮影されているというのに、その中で達成されていることといったら、隅から隅まで偉大なるライブ・パフォーマンスとしか言いようのないものだからだ。この番組における俳優たちのパフォーマンスには、人生と現実がすさまじいまでに憑依しており、そのことによって彼らを永遠に忘れられないものにしている。フランケンハイマーは、たとえば『プレイハウス90』や、イングリッド・バーグマン主演の『ねじの回転 *The Turn of the Screw*』(一九五九)、そして二部からなる『誰がために鐘は鳴る *For Whom the Bell Tolls*』のように、ライブと録画の両方の方式でよりメジャーな製作へと歩みを進めることになる。しかし新しいビデオ・レコーダーによって、ハリウッドはついにテレビに追いつき、黄金時代として優勢だった産業はフィルム編集プロダクションに屈し、『アイ・ラブ・ルーシー *I Love Lucy*』(一九五一—一九五七)といったコメディが、数十年にわたるフィルム・エンタテインメントの時代に続くことになる。

可能性の新時代

例外的なまでにクリエイティブな時代が終わって、もう半世紀以上が経った。テレビはありとあらゆる領域に進出した。今日、スポーツはあらゆる番組の中で最大の人気を獲得し続けており、それは「ライブ」であることが必須のものだ。アカデミー賞の後を追うようにそれを模倣しつつ生まれた、たくさんの授賞式中継というものもまたライブである。ニュース専門局の隆盛を尻目に、それに続くテッド・ターナーによる衛星を使った鮮やかなコンセプトは、アトランタのCNNというスーパー放送局を産んだ。そして、ミュージカルや演劇などの数少ないライブ・ショーは、テレビ・エンタテインメントにおいてはそのほとんどがあらかじめ撮影済みの番組である。

興味深いことに、スポーツから生まれたテクノロジー――衛星放送と、録画映像を瞬時に再生できるインスタント・リプレイ・サーバといった、毎月のように導入されるその他の様々な技術――には、もしそれを使うことを望みさえすれば、ストーリーテリングの役にも立つ豊かな技術が山ほどある。テレビが家庭での床置きコンソール型であるというイメージや、映画作品は映画館で見るものだという時代はもう終わったのではないだろうか。『ザ・ソプラノズ 哀愁のマフィア *The Sopranos*』(一九九九－二〇〇七)や『ブレイキング・バッド *Breaking Bad*』(二〇〇八－二〇一三)が放送されるや、今やテレビと映画はほとんどまったく変わらぬものとなった。今では映画は一分から一〇〇時間の長さだってありだし、家庭や劇場で、あるいは教会やコミュニティセンター、それどころか世界中どこにいたって見ることができる。それも衛星放送やデジタル技術のおかげなのだ。

私のもっとも予言的でバツの悪かった瞬間

ロック・ミュージックのプロモーターで、俳優でもある私の友人ビル・グラハムは、かねてよりアカデミー賞授賞式に行きたがっていた。そこで一九七九年に、私がプレゼンテーターとして授賞式に招かれたとき、持っていた二枚のプラチナ・チケットのうち一枚を彼に進呈した。私の家族は別エリアで、もう少し待遇の悪い席だった。私たちはそろってタキシードを着こみ、ビルは授賞式をおおいに楽しんでくれた。そこで私は、彼がクッキーの袋を持ってきていて、ボリボリ食べっぱなしだということに気づいた。他の誰かが近くでものを食べているときに、自分だって食べたくならずにいられる者はない。私は彼の袋に手を伸ばして、クッキーをひとつ失敬して口に入れた。すると彼が青ざめて「よせ、ダメだよ」と私に言う。何のことやらわからなかった。少し後になって、アカデミーのアシスタントが私の席の近くの通路にやって来て、舞台裏で待機する時間だと伝えてくれた。授賞式でのお役目を準備しなくてはいけない。私は「監督賞」のプレゼンテーターのひとりだった。パートナーは女優のアリ・マッグロー、受賞者はマイケル・チミノ。とても魅力的で、シャイな人柄の人物だ。作品は『ディア・ハンター *The Deer Hunter*』（一九七八）である。その後、何年たってもこの時の映像を見るたび、いまだに穴があれば入りたい気持ちになる。私が演壇に立って、受賞者を読み上げようとすると、いったいあれは何のクッキーだったのやら、なんだか変な感覚があって、ずっと自分の髭をかきむしりながら、世界中の何百万人もの視聴者に対して、私はライブ・シネマの未来の姿について口走っていた。そのときの私はこのように言ったのだった。

「いま私たちは、産業革命に匹敵する、何か思いもよらぬ、すごいことが起こる前夜にいるのではないでしょうか。コミュニケーション革命なのです。そしてそれは非常に急速にやってくることでしょう。それは、映画やアート、そして音楽にデジタル・エレクトロニクス、そしてコンピュータに衛星放送、いやそれ以上に人間の才能における革命です。それによって、私たちに映画という仕事を引き継いでくれた、かつての偉大な映画界の巨匠たちが、想像もつかなかったようなことを可能にしつつあるのです」

そんな行き当たりばったりのスピーチをやらかしたときの、あのアリ・マッグローのあっけにとられたような顔を、私は今も忘れることができない！

二度目のテレビの黄金時代

一九七〇年代から一九八〇年代初めにかけての映画製作の時代は、個人の表現の飛躍的な発展の時ではなかっただろうか。そしてその数年の後には『レイジング・ブル *Raging Bull*』（一九八〇）、『キング・オブ・コメディ *The King of Comedy*』（一九八二）、『チャイナタウン *Chinatown*』（一九七四）、『タクシー・ドライバー *Taxi Driver*』（一九七六)、『フレンチ・コネクション *The French Connection*』(一九七一)、『マンハッタン *Manhattan*』(一九七九)、それに私の何本かの作品があり、それらを見て育った来るべき世代のフィルムメイカーたちにとっての、インスピレーションの源となった。しかし新しい映画作家たちは、同時にハリウッドがこのような自由闊達な時代の扉を閉ざしてしまったこと、そして映画作りにおけるそうした環境は終わってしまったことに気づくことにもなった。だからこそ彼らは、ケーブルテレビの長時間番組へと鞍替えし、彼ら個人の映画を撮る方法をみつけたのだ。かくして二度目のテレビの黄金時代がやってくる。『ザ・ソプラノズ 哀愁のマフィア』、『ブレイキング・バッド』、『THE WIRE/ザ・ワイヤー *The Wire*』(二〇〇二-二〇〇八)、『マッドメン *Mad Men*』(二〇〇七-二〇一五)に『デッドウッド〜銃とSEXとワイルドタウン *Deadwood*』(二〇〇四-二〇〇六)といった作品群だ。加えるに、一九七五年から今に続く、まさにライブ・シネマに限りなく近い生放送番組がスタートしている。それが『サタデー・ナイト・ライブ *Saturday Night Live*』(SNL)だ。

『サタデー・ナイト・ライブ』

SNLは、大衆的人気と社会性をうまく両立することに成功した——いや、むしろ社会的だからこそ大衆的人気を得たというべきか。これこそまさに、ライブ・シネマに限りなく近いライブ・パフォーマンス番組で、というのもこの番組はしばしばステージ上の単純な設定によってではなく、むしろショットの連なりで物語を伝えるという側面があるからだ。それは決して新しいことではない。シド・シーザー、イモジーン・

コカ、それにジャッキー・グリーソンがやったように、アーニー・コバックスがしばしばそういうことをやる。最初の『ハネムーナーズ Honeymooners』(一九五五－一九五六)はコメディ番組で、しばしば現実のできごとを風刺していた。確かにこれらの番組は生放送でありながら、録画収録の番組と同様に楽しめるものだということを、貴重なアーカイブ映像が証明している(SNLのいくつかのエピソードは録画部分を含むし、フィルム撮影パートもあれば、EVS社製のリプレイサーバさえ使っている)。だとすると、その二つの種類の番組は何が違うのだろう? SNLは本質的に「生」番組だ。というのも、そのことが直ちに最新で今日的な出来事と関連付けることを可能にするからだ。SNLの最新ニュースネタのパロディは、起きたばかりの政治問題の一面を生き生きと表現してくれる。これがライブ・イベントの本質だ。単純に言うと、起きてしまうまで、何が起きるかわからない、ということだ。

だからSNLは、まさにその定義において、ライブ・シネマ・ショーなのだ。後から見たり楽しんだりされるかどうかにかかわらず、ちょうどスポーツ・イベントやニュース・イベントの報道がそうであるのと同じように。人気の高いコメディ・ショーは時事問題のパロディなので、事件をからかいの対象とする前に、それらの事件が放送されるのを待たなければいけない。それらを見るのはその時点においての、新鮮なネタであるうちが花である。しかし後から見る場合には、それはまた別の気持ちにもなるものだ。それはたとえば、家族写真にちょっと似ているかもしれない。家族写真というのは、撮ったその最初の段階では楽しいものだが、もっとずっと後になって、時間の積み重ねがそれを「ビンテージ」とでもいうべきものにしてしまう。

最近、私はウディ・ハレルソンの『ロスト・イン・ロンドン *Lost in London*』（二〇一七）を見た。一台のカメラを用いて一晩で撮った作品で、五〇〇の劇場でのブロードキャスト・ライブで公開された。私はそれを、完璧な成功だと思った——おかしくて、エネルギッシュで、さらに驚くほど想像力豊かにテクノロジーが反映されていた。『エルミタージュ幻想 *Russian Arc*』（二〇〇二）や『バードマン あるいは（無知がもたらす予期せぬ奇跡）*Birdman*』（二〇一四）、『ヴィクトリア *Victoria*』（二〇一五）のように、ワンカット長回しにすることで、「ライブ」の問題は当然のように克服されていた。

おそらくこれが、劇場にダイレクトに配信された初のライブ・シネマのイベントではなかったかと思う。しかしその功績は、『椿姫 *La Traviata*』（二〇〇〇）の製作を手がけた、あのすばらしいアンドレア・アンダーマンに帰するものではないだろうか。ハレルソンがとった「ワンカメラ」という決断は、カメラを切り替えることなく、想像力豊かなステージングを担保した。そして観客を引き付けてやまない、ハレルソンと彼のキャストたちの離れ業ともいえる卓越した演技がそこに加わる。もし入念なリハーサルさえされていれば、この時のキャストたちがそうであったように、俳優たちは高い意欲で難題を乗り越えるだろうことを証明した。『ロスト・イン・ロンドン』は間違いなく、ライブ・シネマの歴史におけるマイルストーンだ。

上演することの価値

偉大な指揮者の系譜は一九世紀に始まる。そうした芸術家たちはしばしば、ドレスデンやベルリンといった特定の都市の歌劇場の専属となり、貴族の後援を得ていた。リヒャルト・ワーグナー、ハンス・フォン・ビューロー、リヒャルト・シュトラウス、グスタフ・マーラーのような音楽家たちもまた同様だ。多かれ少なかれ現代における映画監督たちも、限りなくそれに近い。舞台装置、上演、コーラスとダンス、衣装と、もちろん音響から音楽まで、それらに関連するすべての製作も指揮管理も、後援者たちの息がかかっている。高価で複合的な芸術であるオペラの製作は、現代の映画製作と同程度の水準だったといえるだろう。違いとしては、初演の夜に指揮者が観客の前に立ち、指揮棒を上げ、それを振り下ろすと共にライブ・パフォーマンスが始まるということだ。往々にしてそれは、観客たちにとって生涯を通じて忘れられないものになるだろう。想像してみてほしい。［ジュゼッペ・］ヴェルディが作った高級娼婦への恋に破れた青年の物語、『椿姫』の初演の場に居合わせたとしたら。あるいは、ワーグナーの超大作楽劇『トリスタンとイゾルデ』の初演を見たのだとしたら。キリがなくなるが、テネシー・ウィリアムズの偉大な戯曲、『欲望という名の電車』や『ガラスの動物園』の初日に立ち会うなどといった体験をイメージできるだろうか。『ウェストサイド物語』や、その他数えきれない、偉大なる古典のまさに初演の場にいたとしたらどうだろう。いや、初演における大不評というのもあるかもしれない。［ジョルジュ・］ビゼーの魅惑的な歌劇『カルメン』や、［クロード・］ドビュッシーの象徴主義的な『ペレアスとメリザンド』の初演のように。しかしそれでさえも記念碑的な事件だ。そうした長く語り継がれる公演のことは、私たちがさまざまな芸術体験を重ねてきた、いま現在においてもなお念頭に置くに足るのだろうか。というのも、すべての映画、ほとんどのテレビ番組、そして音楽や絵画の鑑賞は、今では録画や録音などの記録媒体が基本であるからだ。

パフォーマンスはどれだけ重要か?

ここまで見てきたように、テレビにおいてもっとも人気のあるライブ形式は、ライブ・パフォーマンスであり、テレビにおいてもっとも人気のあるライブ・パフォーマンスとは、スポーツである。ライブ・パフォーマンスの従来の形式の多くは、ますます観客の手に届きにくいものになっている。劇場やオペラは一都市集中型がさらに加速している。とりわけニューヨークでは。それに加えてチケット代ときたら法外な値段だ。その他、新作が現代劇と言うことはめったにないが、運よく限られた期間に映画スターが出演する作品だと、それは決まって古典作品である。ロック・ショーは数万人規模のアリーナでのパフォーマンスだが、チケット代は極めて高価だし、ライブ・イベントにもかかわらず、座席ときたらステージから限りなく離れていることが普通だ。距離があれば人間味だってなく、ライブ感を心から堪能するにはいささか難儀だ。

そこを踏まえて、私は一九〇〇年代のはじめに、多くの熱意ある思想家や作家たちが、「演劇の未来」について、深く考察していることを知った。そこではごくわずかではあるが映画にも言及されており、未来の劇場がどのようになるかを検討している。一九一九年には、ハーバード大学の演劇教授で、後にイエール大学で重要な卒業演劇プログラムを創設した、ジョージ・ピアス・ベイカーが、そのことについて、いくばくかのヒントを与えてくれている。

今日、映画（motion picture show）は、純然たるメロドラマを我々の劇場から拝借し、作品を送り出してきた。しかし「映画」の現在の形態は、すべてアクションに従属していることも、誰が否定できようか？『カビリア *Cabiria*』（一九一四）や『國民の創生 *The Birth of a Nation*』（一九一五）のような、最も野心的な作品でさえ、アクションだけではっきりと示せないことをわかりやすくするため、説明的な「字幕」を頻繁に使って、観客たちがはらはらするようしむけ、大胆にも断崖から海へと飛び込んだり、または馬上のクー・クラックス・クランの白装束たちが総突撃したりといった、登場人物たちの差し迫った描写を後押しする。

そして、ハーバード大学でまさにこのベイカーの生徒だったユージン・オニールは、過去の事例を参照しながら、たくさんの演劇技術を踏まえてアメリカ演劇の未来を探求していた。そして「音声つき背景スクリーンを伴う舞台劇は、視覚的にも音声的にも、登場人物たちの心中にある記憶や思い出などといったものに、命を吹き込み得る」と述べている。これは彼が一度は破棄しようとした考え方であったが、一九四二年の一幕劇『ヒューイー』で、再度の利用を行った。「トーキー」には、「その機会があれば実際のアーティストにとって有益な媒体」となるポテンシャルがあると、オニールは信じた。

私が、ケネス・マクガワンの『明日の劇場 *The Theatre of Tomorrow*』、ウィリアム・アーチャーの『劇作の方法 *Play-Making*』、エドワード・ゴードン・クレイグの『劇場芸術において *On the Art of the Theatre*』といった書物を次々と読んでいると、興味深いことにどの著者たちも、プロローグ、独白、傍白、仮面、コーラス、エピローグ、それに無言劇といった、伝統的な演劇メソッドが失われることを案じていることに気がついた。しかし劇場はそのような過去に向かおうとしてはいなかったというのが実際のところだった。それより何年もの間、目の前にあったものに、より近づこうとしていた。映画だ！　近代の演劇製作を経験しようと思えば、それがロンドンのウェストエンドであれ、ニューヨークのブロードウェイであれ、ドイツのバイロイト音楽祭であれ、製作の方法が映画的になることから逃れられない。「クロースアップ」や「特殊なアングル」といった効果を得るために画像投影を駆使するなどして、語ろうとしている世界観を表すために、彼らにとって可能な限りの映画言語を取り入れようとしている。私はこの試みを、演劇が映画になろうとしているのだとみている。そして頭がおかしくなったように思われるかもしれないが、演劇におけるパフォーマンスの要素が、逆に映画へのフィードバックにもなるようにと願っているのだ。

第3章——俳優たち、演技、リハーサル

ワークショップでの実験において、私は「俳優たちがいちばん手がかからない」ということを、強く肝に銘じていた。しかし映画業界ではそうはいかない。問題ごとはたいがい俳優たちが原因だ。特にスターと呼ばれる者たちは製作上のいちばんの障害となる。自分のセリフを、時には「理解できない」といい、またある時は「言いにくい」などと言い出すのを、あなたはきっと耳にするだろう。遅刻もする。脚本や製作上の現実に常時難癖をつける。こうしたことのほとんどは、演技と映画には献身的な俳優たち、とりわけスターと呼ばれる人々が原因としてある。そしてそのいちばんの解決策は、彼ら自身が監督になって自ら個人的に映画製作を手がけることだ。チャーリー（チャールズ）・チャップリン、バスター・キートン、チャールズ・ロートン、ローレンス・オリヴィエ、アイダ・ルピノ、名前をあげていけばまったくキリがない（俳優たちはみな監督になろうとする。映画製作におけるそれ以外の職能、たとえば脚本家や編集者やカメラマンではなく）。このようにして、映画の方向性や脚本に対する彼ら俳優たちの意見や見解は、しばしば正しいものとされる。

最初に構成を考えるとき、俳優たちはどの段階で脚本（スクリプト）全体をわかっているべきなのか、俳優たちはいつから準備を始められるのかといったことを（不思議なことに）よく聞かれる。もちろん我々はみな、伝統的に演劇製作の出演者がそのように仕事をすることを知っているし、それを期待されていることもわかっている。演劇においてすべてはリハーサルのときに伝えられるわけではあるが、残念なことに、映画製作では往々にしてその限りではないのだ。

私のワークショップでは、製作がどのように進行するかを説明しよう。まず役者側とスタッフ側の双方で、約一週間のリハーサルを行う。これは読み合わせや部分稽古、通し稽古、そして本稽古（ドレス・リハーサル）といった流れで、演劇におけるいわゆるリハーサル期間と大きな違いはない。以前、リハーサルや楽屋での裏話だが、パラマウントにはいわばひとつのルールがあった。それは「キャストは常に役になりきらねばならない」というものだ（もうひとつは「ここにひとたび入れば、恐れは捨てること」だった）。俳優たちは、互いに呼び合うときに相手の役名を使わなければならないし、私もそうしなければならなかった。たとえば「私の演じる役はアイスクリームが大好き」という言い方は厳禁で、「私はアイスクリームが大好き」と言わねばならない。一日八時間自分以外の人物であり続けるというのは、驚くほど消耗するものだ。それも何人かは脱落してしまうほどに。どうしても自分の役柄について、第三者的に話すようになってしまいがちなのだ。しかしそれは厳密に守られねばならなかった。リハーサル期間というのはワークアウトだ。どんな練習であれ、結局は演じられるべき役柄としての感覚が磨かれていく。

私にとって、リハーサルは各種のエクササイズ、インプロビゼーション、ゲーム、そしてステージング活動によって構成されるもので、自らの映画づくりのキャリアを通じて、基本的なリハーサルのプロセスでは同じやり方で努力を続けてきた。私はその日にやることを楽しめることがとても大切だと思っているし、そして彼らが飽きないよう常にやり方を変えて、実効性のあるワークアウトを準備してきた——まさに役作りのためにである。リハーサル室には、リハーサル用の調度品として一人掛け用の軽量チェアとカードテーブルが用意されている。俳優たちはそこから容易にイメージを引き出すことができるし、リハーサルに必要なあらゆる組み合わせを作り上げてしまう。二、三脚のイスはカウチになるし、四脚あれば車になり、二台のテーブルはダイニングテーブルになる。このように基本的な要素を組み合わせることで、俳優たちはシーンを作るために、必要に応じてどんなものでも想像の中で作り出してしまう。私はいつも壁に沿って、ひとつか二つのバンケット・テーブルを置き、そこを片手で持てる程度の小道具でいっぱいにする。電話やプラスチックのカップ、皿、カメラ、杖といったものだ。そうした小道具でいっぱいのテーブルのそばには、いろんな種類の帽子や、いくつかのワードローブ（ショールやボアや数着のジャケット）を架けたラックを置く。これらリハーサル用の調度品と、小道具のテーブルと、帽子と衣装架けを除けば、部屋の中にはキャスト一同の他には何もない状態だ。

私のリハーサル初日では、決まって脚本の通し読みを二回やる。一度目は途中で止めずに、とにかく最後まで読み、ただただテキストに込められたものを感覚的につかむ。二度目は、常にランチの後だ。途中で何度も止めながら進める。参加者が大事な意見を述べたり、ときには質問もできるようにする。そして監督は、シナリオの意図や発音、あるいはその他の筋道を理解する手助けをし、明確にするような役割を果たす。通し読みを進める中で、監督はリハーサル室が安全地帯であることをはっきりさせておく。つまり、ここでは何か間違ったことをしたり、つまらないことをしたりしてはいけないんじゃないか、などといった心配は一切無用ということだ。大切なのは、ここは楽しい芝居の場なんだと俳優にわからせることだ。そのことをはっきりさせるため、我々はしばしば初日にいくつかのシアターゲーム（演劇において、俳優たちが集中力や想像力など、さまざまなスキルを高めるための、ゲーム形式の演技レッスン）や〝集中〟特訓をやる。後に改めて詳述するが、これらのゲームはヴァイオラ・スポーリンが、その著書『リハーサルのためのシアターゲーム *Theatre Games for Rehearsal : A Director's Handbook*』の中で考案・紹介したものであり、そして彼女の息子であるポール・シルスに教えてもらった、なかなか楽しい試みだ。俳優の集中力や、そのほとんどの関係性に存在する本来的なヒエラルキーの理解を促してくれる。俳優たちにとって、リハーサルの初日を心から楽しいという気持ちで終えること、自分が信頼され求められていると感じられることは大切なのだ。

俳優たちは帽子掛けや小道具のテーブルの回りを動いて、自分の目にとまったものを何でも手に取るようにと促される。監督は、俳優たちがようやく課題に着手したことで、恐怖を感じていることに気づかなければならない。そして彼らが手に取ることができる物、頭にかぶることができる物は、彼らにある程度の手ごたえを与えてくれるのだということも。私が経験から学んだことは、俳優との間の厄介ごとが何であれ――常習的な遅刻や、セリフを覚えないことや、脚本への難癖や、無礼なふるまいなど――そうしたことのほとんどは彼らが恐れを抱いていることが原因だ。どんなやり方でもいい、あなたが彼らの恐れをなだめることさえできれば、ゆっくりと問題ごとはなくなるはずだ。俳優たちはとても難しいことを求められている。監督たちの楽器として芸術的に演ずるということ、それは恐ろしいプロセスなのだ。

リハーサルの間は、俳優はいく種ものアクティビティを通過し、交代でインプロビゼーション（即興演技の演習）やシアターゲームをやり、テキストの読解を試み、セットのテーブルやイスを利用してみたり、いくつかのシーンの演出もしてみたりする。その日の活動が退屈なものにならぬよう、そこには変化をつけなくてはいけない。私はテキストの読み込みや研究には、それほど重きをおかない。ひとつには、人は確かな新鮮味を求めるものだし、シーンの反復はそれを奪ってしまうだろうからだ。一方、とりわけ役柄の特徴を引き出し、キャラクターの持つ記憶までを提示するよう設計されたインプロビゼーションなら、おおいに役に立つ。私はいつも、互いに結婚していたり同じ家族の一員であるようなキャラクターや、あるいは同じ職場の同僚同士といったさまざまな関係性を持ったキャラクターを設定して、インプロビゼーションをやってもらう。あえて互いに個人的な知り合いでもある俳優同士を組ませたうえで、彼らが初めて出会ったときの状況を演じてもらうこともある。実人生において結婚した男女というのは、自分たちがいかに出会ったか、あるいは自分たちが初めて仲たがいをしたときいかにしてヨリを戻したか、といったことのディテールを覚えているものだ。しかし私は、俳優たちにそうした思い出をまったく持たない夫婦を演じるよう求める。そうしたインプロビゼーションを通して、彼らを伸ばそうというのが私の意図だ。

リハーサル期間中のインプロビゼーション

リハーサル期間中、大々的なインプロビゼーションを行うことでもっともよい点は、キャラクターを考察し、会話の新鮮さを失うことなく、テキストに描かれた状況を練習することができるということだ。これは実に大きい。たとえばマーロン・ブランドのような卓越した俳優たちは、しばしばろくにセリフを覚えようともせず、リハーサルに入ろうとする。そんな撮影の間、演技は人生そのものとなり、その中ではキャラクターがその会話を、まるで初めて語ったかのようになる。『ゴッドファーザー』と『地獄の黙示録』でのマーロンは、「節介は無用。あんたの顔に何もかも書いてある」と好んで口にした。私の意図では、インプロビゼーションはキャラクターのおかれた状況での新しい意味や、セリフを暗唱することなく問題点を発見する方法を示してくれる。そしてそれはその場面に欠けていると感じる関係性の見方を深めることを可能にする。たとえば、成長してからは敵同士となってしまったり、苦々しい感情を抱くようになってしまったりしても、かつては共に遊び、共に成長したきょうだいの間に、生まれながらに備わっている愛情のようなもののことだ。また、インプロビゼーションは他のキャラクターとの関係性における歴史感覚を肉付けしてくれる。そうすることで、「エモーショナル銀行の口座」に関係性という名の預金を預けることになるのだ。夫が妻に別の女性を愛していることを伝えるというシーンが必要だとしよう。そのとき、最初の出会い、最初の別離、または初めての子を持った喜びといった思い出を、その俳優自身が持っていても何ひとつ損はない。人と人との間に生まれるあらゆる決定的な瞬間は、たくさんの思い出の時となる。逆にそうした自らの内面に、連想すべき思い出を持たない俳優の場合は、インプロビゼーションによってそれを生み出すことができるだろう。もちろんキャラクターは、文字通りの意味ですべての思い出を想起するとは限らないが、しかし彼らはまさに生きてそこにいるのだ——そこに何がしかを思い出そうが、思い出すまいが、自然ななりゆきで登場しようがそうでなかろうが、実人生を持つ者としてただただそこに存在する。

インプロビゼーションを準備するとき、参加者たちに内密に（いわば耳打ちする形で）、本当のねらいが何であるかを伝えることは悪いアイディアではない。たとえばひとりには「君は彼女から五〇〇〇ドルを借りたいと思っている」と伝え、もう一方には、諍いの元になりそうなことや、そのシーンでの憤懣のタネになりそうなことを伝える。「彼は君から何年も四〇〇〇ドルを借りっぱなしで、しかもそのことを自分から言い出そうとはしない」というようなことだ。さらにリハーサルのセットには、いつもいくつかのイスとテーブルしかないので、ことの次第を可能な限り明確にするのもいいアイディアだ。「ここは学校のカフェテリアだ。そして彼女のそばにはイスしかない」といった具合である。監督は湧き出るアイディアに対して鋭敏である必要がある。往々にして最高のアイディアは、あなたがキャラクターの中に見出したいと思っている特質や、特別な性癖を設定する必要性によってもたらされるものだからだ。だから新鮮で興味深いインプロビゼーションのアイディアは、参加者それぞれの設定と意思を明確にしたうえで、即座に生み出さなければいけない。すべてを明瞭に——そしてキャラクターが最大限に生きられるように設計するべきだ。そうしたインプロビゼーションを毎日積み重ねていくと、作りつつあるものの味はどんどん濃くなるし、仕事はやがて遊びに変わる。それにあなたが状況設定に導入した感覚的な要素——実際の食べ物、音楽、ダンス、人との接点――といったものはすべて、インプロビゼーションの効果を高め、有用度を高める。そうなればそれが上演期間を通じて有効なものとなるのだ。

一九七一年、『ゴッドファーザー』の最初のリハーサルは、ニューヨークのあの伝説的なレストラン「パッツィズ」の奥の部屋で行った。それはキャストの全員が初めてマーロン・ブランドと顔を合わせる機会でもあった。もちろん全員が興奮し、同時にひどくおびえてもいた。私もまた然りだ。私は家庭の食卓と同じようにテーブルをセットした。マーロンが上座に座り、アル・パチーノはその右側で、ジェームズ・カーンが左側。ジョン・カザールはアルの右側だ。そしてボビー(ロバート)・デュバルはジミー(ジェームズ)の左側へ。妹のタリアには彼らに食事を出すよう頼み、全員で夕食を共にした。食事が終わると、そこには初めてファミリーが存在していたのだ。そしてその間にもたらした彼らの関係性は、映画の撮影中に次々とやってくる困難の間も、ずっと維持し続けた。食事というものがいかに結束力を生み出すか、私が最初に気づいた経験だった。そして私は長くにわたってインプロビゼーションに固執することにもなった。それに続くリハーサルは、とりわけ大きなグループによって、数時間も継続されるようなインプロビゼーションが行われる。そこでは多数のキャラクターが互いに家庭を訪問しあったり、各種の課題となった設定とともにワークアウトすることになる。私は食事を実際に準備し、それを手渡すこと、たとえば包みから冷製肉を取り分け、サンドイッチを用意し、それを一緒に食べることが、インプロビゼーションの演習における別の側面として(実際に触れあったり、音楽に合わせて踊ったりするかのような)感覚的記憶を呼び覚ます効果があることに気が付いた。

私が実際に経験した最高のインプロビゼーションのひとつは、二〇〇八年に行ったブエノスアイレスでの『テトロ 過去を殺した男 *Tetro*』（二〇〇九）撮影時のことだった。そのときはキャスト全員に仮装パーティに参加することを頼んだ。身に着ける衣装は自分の好みで決めるのではなく、自身が演じる役柄の設定をもとに、俳優として考えることを課した。このパーティにはビュッフェが用意され、バンド演奏も呼んだ。その数時間の展開たるや、変化のプロセスに非常に多くの価値をもたらしてくれた。俳優たちのひとりひとりが、それぞれ自分自身のキャラクターに変わっていったのだ。実際、そのセッションで初めて私は気づいた。俳優がキャラクターになるのではない、キャラクターが俳優になるのが本当なのだ、と。同じじゃないかと言われるかもしれない。しかし俳優とは血の通った生身の人間であり、キャラクターとは精神的なものの表れである。自らが演じるキャラクターを通して、自身に宿る何かと向きあおうとする努力によってこそ、このプロセスの価値は、さらに正確に理解してもらえるだろう。

私はジーン・ハックマンがかつて話してくれた、すばらしい体験のことを思い出す。それは彼が『フレンチ・コネクション *The French Connection*』（一九七一）を撮影していた最初の数週間のこと。ハックマンは自分が演じる役について、なんのイメージもなかったという。風変りな帽子をかぶってみるなどいろいろ試してみたが、とにかく自分の中に何も湧いてこなかったのだ、と。そうしたある寒い日の朝のこと、ケータリングサービスのテーブルにあったドーナツをつまんで、それを熱いコーヒーに浸してひと口かじるや、そのドーナツを放り投げたのだそうだ。そのとき「それが彼なんだよ」と、背後から声が聞こえた。そこにいたのは監督のウィリアム・フリードキン。彼は一部始終を見ていたのだ。ジーンは「そのとき俺は、役をつかんだんだよ」と言った。

キャスト一同がリハーサル室を出て、撮影現場となるステージなりスタジオなりに向かう日には、私はいつものろのろと仕事をし、ぐずぐずとランチの時間を遅らせる。俳優たちは空腹になるにつれ、だんだんいら立ってくる。そしてその日の遅い時間、おおむね午後三時頃だろうか、ランチ抜きで私は彼らをステージにあげる。そこではイスもテーブルも設置されていて、彼らに多人数で長めのグループ・インプロビゼーションをやるよう指示する。各俳優には演出意図を伝え、その空間が誰それの家だの部屋だのと設定を伝える。

そのとき私は、あらかじめ用意しておいたチーズや冷肉の薄切りや、ロールパン、ドリンクなどなどをいっぱいに詰めたいくつかの大きな食料品袋を指さし、これでランチを準備し、みんなでそれを食べつつインプロビゼーションをするように言う。すると、ようやく何か食べられるとわかった俳優たちの間にほっとした空気が流れ、それぞれが演じる役柄に沿ったやり方で、準備された食事を取り分けつつ、話をし、協力し合って、そして共に食事をしながら、役作りのための各自の作業にいつも自然に楽しく入り込んでくれるようになる。彼らが仕事をするその空間で今まさに彼らが経験していることは、決して忘れられないものになる——食事の準備を共にし、共に食べるという楽しみで固めた愉快な気持ちを胸に、リハーサル室から撮影現場への移行が行われる。

シアターゲーム

私が非常に啓発された書籍の著者、ヴァイオラ・スポーリンによって考案された「シアターゲーム」は、主に集中力を高めるエクササイズと序列的なシチュエーションから成っている。最も重要なことは、それらが俳優にとって楽しめるもの、解放感を感じられるものだということだ。彼らは互いに知己があろうとなかろうと、終日を通して葛藤を体験し、その中でキャラクターを一貫させなければいけない。集中力を高めるエクササイズもまた、各実施日には一点に注意を集中する力を築き上げ、相手役となる俳優が何をしたり言ったりするかを直感する能力（劇的あるいは喜劇的な状況が演じられるとき、それは非常に大きな意味を持つ）を開発する。

手始めには「サウンドボール」がいいだろう。グループで輪を作って立ち、想像上のボールを投げ合いながら声を出すというゲームだ。私がそのボールを誰かにパスすると、それを誰かが受け止め、さらに輪の中にいる他の誰かにパスする。しかしボールを投げるときには何か声をあげ、それを受け取る人はその声を同じように繰り返さなくてはいけない。そしてさらにそれを誰かに投げるとき、また違う声をあげるのだ。それを数回もやれば要領をつかみ、想像上のボールを受け取ってはまた投げるという動作が早くなっていき、それぞれが独自の声を出せるようになる。その時点で、私は二個目の想像上のボールを投げ入れる。今や彼らは適切な声をあげるとともに、二つ目の想像上のボールを受け取っては投げるという動作に、深く集中している。そうして三個目のボールを追加するのだ。しばらくするとみんな非常にうまくできるようになり、同時にこのゲームを通して団結し、グループとして上達することが楽しくなってくる。そうするとこのゲームはいつまでも続けられる。バリエーションとして、発する声をアルファベット順にしてみたり、二つ目のボールではアルファベットを後ろから順にしてみたりもできる。そうするとゲームの難易度は高くなるが、慣れてきたグループなら十分やれるし、集中力こそ重要なこのゲームで、彼らはその他に与えられた多くの課題もこなすことができるようになる。

序列に伴うゲームは、ほとんどの人的状況においては、いつも上役がいて、一連の補佐係がいて、さらにその補助役を必要とする。人は、特に子どもは、いちばん力を持っているのが誰なのかを知る第六感を有していて、そのような人物に対しては、序列における自分自身の位置づけ次第で異なる反応をする。そうした要素を取り入れたのが、「ピック・アップ・マイ・ハット（私の帽子をとって）」というゲームだ。参加者はそれぞれ衣装ラックから選んだ帽子をかぶって、列を作る。一列目に並んだ者が上司の役だ。多くのシナリオの中からひとつを選ぶ。彼もしくは彼女は、予約したチケットを受け取るためチケットブースに並んでいる。チケット係は非協力的であるように指示される。すると上司役はとうとう怒り出して、その帽子を地面に叩きつけ、（次の列に並んでいる）自分のアシスタントを怒鳴りつけ、「私の帽子を拾え（ピック・アップ・マイ・ハット）」と言う。アシスタントは、その帽子に対して同じことを口にしながら、怒り狂いつつ次の列に放り投げる。それから上役の帽子を拾い上げ、その頭の上にまたかぶせてやる。その一連の行動を、列になった全員が通してやるようにする（渋滞中の車の中では、みんなどうして馬鹿みたいな行動をするのか、私にはひとつ持論があって、車内のような鉄とガラスで守られた空間では、人はその場の序列にとらわれることなく、好き勝手にふるまえるような気分になるのだ)。

私はいつもテキストを分割し、どんなに短くても、三幕ものにする。そしてリハーサル期間を通じて、数多くのシアターゲームとインプロビゼーション、その他ふとした思いつきのどんちゃん騒ぎをやるのに加えて、多目的用のイスやテーブル、またはいくつかの小道具や、衣類を使って実際の上演を始めてみる。ほどなく、私たちは中断することなく、第一幕を通せるようになっている。そして、リハーサル期間が終わる頃には、他の幕もやれるようになる。さらに私たちの平穏なるアクタールームを出るとき、先に記した大食事会インプロビゼーションをやる前には、三幕すべてを通しでできるようになっている。そのときまでにはもう、キャストは自分のセリフがすっかり身についていて、作品全体をそっくり演じられるようになっている。

ライブ・シネマのその後のステップの中で俳優たちが決してつまずかなかったのは、こうしたステップを踏んでいたからだ。彼らはグループとして十分に準備され、気持ちを高め、個々のキャラクターについてたくさんの状況で努力し、エクササイズを重ねてきた。その結果、シナリオなしでも作品全体を演じるのに必要な能力を身に着けた。きっとこのプロセスは演劇製作のリハーサル期間と同じで、しかし映画における準備とは九九パーセント違っている。映画の場合、もしリハーサルの期間があれば、予定したロケ地に俳優たちをバスで連れて行き、映画のショットの最終的な上演と撮影を、先んじて試みようとしがちである。シアターゲームには一〇〇万ものバリエーションがあり、俳優たちはその実践を好む。私は、俳優たちとリハーサルをするプロセスが、恐れる必要はないものであることを実感するために、それらのゲームが役立つ方法であることを発見した。実際、私たちはともに演じているのだ。私たちの共同作業は困難でくじけそうにもなるものだが、にもかかわらず演じることの楽しさと喜びがそこにある。

ちょうど水が酸素と水素、塩がナトリウムと塩素で構成されているように、映画は二つの同等の構成要素から作られているというのが、私の常に変わらぬ信念である。それは、演技と脚本だ。言うまでもなく、それらはリハーサル室で過ごした時間の中で、十分に吟味し、展開され、完成形にもっていった二つの要素である。そこには演技と脚本以上のものはない。そしてその二つにおいては、集中することこそがもっとも大切なのだ。

第4章――ライブ・シネマの機材

本章では、私の愛読する『ASC シネマトグラファーズ・マニュアル *American Cinematographer Manual*』(アメリカ監督協会〔ASC〕監修)の書式を拝借し、ライブ・シネマにおける機材と技術の仕様について述べる。

カメラ

映画用デジタル・ビデオカメラのフレームレートが24p(23.98プログレッシブ・フレーム/秒)であるのに対して、アメリカ合衆国のテレビ放送用映像信号のスタンダードは、60i(59.94インターレース・フィールド/秒)。スポーツ中継とその他の放送のために開発された多くの機材は、このように映画とはフレームレートが異なっている。一秒間に二十四コマの撮影は、映画の観客にはすでにおなじみの映画的なクオリティを有したもので、私が考えるライブ・シネマのためにはぜひとも確保したい重要な品質だ。OCCでのワークショップでは、私たちのニューテック・トライキャスター（NewTeck TriCaster）が24ｐシグナルに適合していたため、私たちはすべてのカメラを24ｐにセットした。ＵＣＬＡでも、四〇台あるデジタル・ビデオカメラのいずれをも、再び24ｐモードに設定した。

ＵＣＬＡのワークショップで使用したカメラ

Canon EOS C300
Sony PXW-FS5 および PXW-FS7
Blackmagic Studio
Blackmagic Micro Studio

私たちが用いた映画撮影用のデジタル・ビデオカメラ（いずれも24ｐモードに設定）とECS/broadcast environment（60ｉ）との間のフレームレートのギャップを埋めるため、私たちはそれぞれのカメラ信号を、変換機である40 Blackmagic Teranex Expressを使って、24ｐから60ｉにコンバートした。カメラごとにコンピュータが一台必要である。

レンズ

撮影における美しさとクオリティのために、レンズ以上に大切なものは他にない。Blackmagic のように、私たちの用いたビデオカメラのいくつかは、Cマウントレンズを使えるよう、アダプターが接続可能になっていた。おかげでUCLAでは宝物のような学校所有の古いボレックス製16ミリフラット（プライム）レンズの数々を使うことができた。これらは「特別品」と表現するほかない、ヴィンテージな味わいを有した映画的ルックを得られるばかりでなく、心地よく柔らかな画調と、ほどよいシャープさ、現在のレンズに匹敵する鮮明さを有し、品質とスピードを兼ね備えたレンズなのだ。

ミキシング・ボード

私たちの用いるビデオ・ミキシング・ボードは、その初期製品であるEVS DYVIスイッチャーというものだ。これは私たちのUCLAプロジェクトで、最初に大きな働きをしてくれた新しいミキシング・ボードである。最初の開発者のひとりとソフトウェアのリードデザイナーのひとりが、ドイツから私たちのもとを訪れ、初期設定を助けてくれた。そればかりでなく、カスタムコードを書いて新たな性能を創出してくれることで、私たちの希望したことができるように手はずを整えてくれた。DYVIスイッチャーは、本質的にはスタンダードなビデオ・ミキサーをエミュレートするコンピュータで、私たちのニーズに沿ってプログラムできる並外れた性能を持っている。四〇台のカメラと共に、三つのEVS XT3リプレイサーバから十四のビデオストリーム、そしてノンリニア・エディティング・システムからは二つの追加ストリームというように、私たちにはフォローすべき多くの個別プレビュー・ストリームがある（ビデオ・モニターの壁にびっしり配列された、六十六ものサムネイル画像〔プレビュー用の縮小画像〕をイメージしてみるといい）。

DYVIは「ストーリー・モード」において、各シーンをその個別の舞台として配列・保存してセットアップができるように、プログラムが可能だ。つまり、特定のカメラの映像とリプレイサーバからの出力映像を、それぞれの舞台ごとにマルチビューア・モニター上に設定できるということである。私たちのカスタムDYVIの設定は、二つのマルチビューア出力を用いることで、現行のシーンのためのマルチビューア・モニター上のカスタム・ディスプレイと、次のシーンのためのもうひとつのマルチビューア・モニター上のカスタム・ディスプレイの、両方を見ることができる。ドイツ人開発者の巧みなプログラムにより、アクティブなモニター（現在のシーン1）の背景は赤、プレビュー（次のシーン2）の背景はグレーで表示されている。シーン2に移るとき、アクティブになるシーンのマルチビューア上の背景は赤に変わる。そして別のマルチビューア・モニターでは、シーン3（1、2の次の舞台）のために連動するカメラとサーバ・ストリームが、グレーの背景で表示されるよう、テクニカル・ディレクターによってプログラムされている。これらの機材はすべてレンタル・購入することが可能だ。

一九九〇年代の半ば、デジデザイン（Digidesign）社による、コンピュータベースのインターフェースとコントロール・サーフェス（操作画面）というフォーマットによって、サウンド・ミキシング・ボードは進化した。高価な上にひとつの用途にしか使えなかった従来型のサウンド・ミキシング・ボードは、この新たなシステムにとって変わられた。コンピュータがミキシング・ボードを再現することで、スライド式の調整器と同期ボタンを備えたこのサーフェスは、現在のサウンドミキサーたちにはもうすっかり常識的な仕様になっている。スタンダードな産業用ＴＶスイッチャーは、すべからくその少し前からデジタル化されていたが、しかしそれらはあくまでもハードウェア・ベースであり、その一方ＤＹＶＩはソフトウェア・ベースなのである。そのことが、私たちが極限までテストを重ねた、二度目の実験的ワークショップでのプログラミングを、とびきり容易なものにしてくれた。システムの主任プログラマーであり、ＤＹＶＩボードの考案者でもあるユルゲン・オプストフェルダーは、私たちと数日間を共にしてくれて、テクニカル・ディレクターであるテリ・ロジックにＤＹＶＩの操作面での指導をするばかりでなく、さらに二週間をかけて彼女とともに、私たちの目的に即した新しいソフトウェアコードを開発してくれた。テリによると、現在の一般的なミキシング・ボードに使われている業界スタンダードのソフトウェアでは、私たちのプロジェクトの実現は難しいという。一般的なスイッチャーにも、プログラムのマルチビューア出力端子はあるのだが、しかし私たちが求めるほど精巧にカスタマイズできるような性能はまだ備わっていない。私の考えでは、ライブ・シネマにおいては、特別な必要に応じて再プログラムが可能なビデオ・ミキシング・ボードというものが必須である。それはつまり、これまでに使われたことのない新たなミキシング・パネルに、すべてがかかっているということでもある。

私たちが利用したいくつかのソフトウェア構成は、関連するシーンの内容に従ってライブ・カメラを動作可能にしたり、映像や音声信号をリプレイしたり、あるいは類似する各シーンを簡単に入れ替えられるということを、ディレクターに呈示してくれていた。クロマキー（人物などの前景はそのままに、背景画像だけさしかえる合成技術）や入出力設定の取り扱いなど、テクニカル・ディレクターの他の多くのタスクは、従来のものではあり得なかったような簡便さとスピード感で、すべてミキシング・ボード上に構成されている。

ユルゲンとの共同作業とEVSの性能によって、それらのタスクがアクチュアルなパフォーマンスの瞬間よりも、ワンステップかツーステップ早く表示されることで、作業プロセス全体をぐっと簡略化してくれるようなシステムが、実際に考案されるのではないか、ということは、私の気持ちを大いに高ぶらせてくれた。それは実質的に、ライブ・シネマのプロセス全体をサポートするための均質な手順になるはずなのだ。シナリオやストーリーボードを検討する段階においてさえも。

私は、新しいDYVIボードとシームレスに稼働するデバイスを考案するため、この会社へのアプローチを検討することにした。主要な目的のひとつは、リハーサル中の映像と音響の編集作業を容易にするため、文書処理フォーマットの中でテキストを移動すれば、それに付随する編集中の映像と音響のタイムラインもいっしょに同期して、システム内で統合されるようにすることだ。編集アシスタントは、初期映画でいうところのラッシュと音を同期させるような作業のやりかたで、会話とアクションと劇中音楽の拍子記号に沿いつつ、テキストを整理・調整できるようになる。かつてこの仕事は、台本上の特定の位置にテキストのひとまとまりを移動する方法で作業された。そうでなければ、編集技師のタイムライン上で、映像や音響やその他の素材の削除や移動は直感的に決められたりしていたはずだ。音楽のスコアではすべての楽器が縦の線で同期して書かれているように、編集のタイムラインも同じようにしたい。すなわち、規則正しく並んだタイムラインは、音楽のスコアにおいて小節や拍節のタイミングが正確に縦に一致しているように、テキストも編集に着手した各素材の順番や長さと一致させることによって、あらゆる要素が（編集済みでも、そうでなくても）同期している状態にすることを可能にするというわけである。

第5章——セットとロケーション

あらゆる映画のスタイルやモード、あるいは分類法は、ライブ・シネマでも再アプローチできるというのが私の確信だ。それはNBCによるライブ・テレビ『ア・フュー・グッドメン *A Few Good Men*』の製作発表を聞いた時に思ったものだ。そう、あれはもっぱら法廷内でドラマが進む軍事裁判の物語だった。演劇として完璧に製作されたもので、テレビカメラを使った方法論（必要なショットをカバーするためズームレンズを使う）としてもうってつけの題材だ。照明には頭上に大規模なグリッド式のものを使えばいい。このやり方は、『黄昏』のライブ・プロダクションによく似ている。この作品では典型的なテレビ作品に似せるべく、継続的に使用可能で精巧なスタンディング・セットによる演劇的な舞台づくりがなされ、そして古典的かつ従来型のおさえのショット（カバレッジ）が使われていた。もし私がライブ・シネマのために、どんなプロジェクトでも実行できるのだとしたら、ライブのテレビドラマとして作るのはまずほとんど不可能なものをやってみたい。たとえば『アラビアのロレンス *Lawrence of Arabia*』（一九六二）や、そういった類の壮大な題材だ。巨大な映画がライブ・シネマのまさにその限界を（その一方で可能性も）露にするのはあきらかだろう。しかし題材がどれだけ巨大でも、方法論としては同じように始めるべきだ。自分が獲得したいと思っているショットのストーリーボードを準備する――そしてそのショットはどうやったら得られるのかを考える、というように。

もちろん、今やそうした絵空事と思われるような発想にも、実現のタネはある。なるほど上演の間じゅう、ベドウィン族のラクダ使いをその場にずっと立たせておくことなど、できるわけがない。そこでウォーキー・トーキーを彼の耳につけて待機させておき、「ラクダを出せ！」と合図を出すのだ。ラクダのショットについては、いつでも使うことができるようあらかじめ録画し、EVSリプレイサーバにローディングしておくのもいいだろう。こうした点が、ライブ・シネマが実際には一〇〇パーセントのライブではないと私が主張している所以だ。いや、実際のところ、それはまったく違うのである。ライブ・シネマというのは、つまりは生の映像を撮るカメラと、EVSベースのカメラから得られた、とにかくたくさんの個別の素材を、いかに巧みにやりくりして作品として組み上げるかが勝負になるものなのだ。あたかもライブのように見えるが、実際にはうまく工夫し、できあいを使い、さらに断片をも寄せ集めて、必要に応じて利用することでそう見えるようにしている。それがテレビのスポーツ番組でいうところの「一括番組（パッケージ）」というものだ。EVSの断片映像を集めたものを使って、多くの場合は試合中に手早く編集されディレクターの手にわたる。このやり方はオンラインのライブ番組でも使えるよう、あらかじめ切り取られた短いシークエンスとして、それらを準備しておく方法の可能性を示唆している。

ごまかしじゃないかって？　私に言わせれば、それはパーセンテージの問題であって、最終的にあらかじめ撮られた素材が、全体の何パーセントなら本物のライブで、何パーセントだったら違うのかと問うような区分けの問題に過ぎない。最近の作品ではたとえば、『グリース・ライブ！ *Grease Live!*』（二〇一六）をみてみよう。近年のライブ・ミュージカルではもっとも生命力に満ちたもので、舞台版の『グリース *Grease*』よりも映画版『グリース』（一九七八）により近く、ニューヨークで上演されたライブ放送の録画を、時間差のある私たちカリフォルニア州の住人は後追いで見たのだった。実際のところ、オリジナルのライブ放送では、数分間の音声障害があったり雨に悩まされたりしたのだが、三時間後の西海岸での放送時には、それらは修復して放送された。私にとって、事前録画された（ＥＶＳに保存された）ショットとシークエンスは、ライブ・シネマの要素の一部である。それは演出効果を狙ったショットが、古典的なドキュメンタリー映画の一部であるのと同じである。

ロバート・Ｊ・フラハティのあの偉大な古典、『極北のナヌーク *Nanook of the North*』（一九二二）にさかのぼってもいい。いくつかの演出されたショットと、本物の記録映像とをつなげていないドキュメンタリー映画など、かねて存在しなかった。フラハティが、イヌイットの人々固有の、現実の生活における啓発的な詩情を生み出そうとして、彼がナヌークに語った言葉で私は確信した。「氷に開けた釣り用の穴のところに行き、その針にかかる魚を獲るんだ。私たちが針に魚を引っ掛けるから」。すべてのアートはいわばまやかしだ。フラハティが「真実の魂をつかまえるためには、時には嘘もつかなくてはならない」と言うように。あらかじめ演出されたショットが、偉大なドキュメンタリーのショットに比べて、より劣るということはない。

ＥＶＳに保存されたショットを用いることが、野球の試合の生中継の価値を損なうものではないだろう。同じ理由で、ライブ・パフォーマンスについても、事前に撮られた素材がその作品を貶めるわけではない。それは方法論のひとつなのだ。素材の出どころはどこでもいい。他のチャンネルであっても、何かそれ以外の方法で撮ったものでも。製作物の内訳がどうなっているかというだけのことである。

二度のライブ・シネマのワークショップをやってみて私が受けた印象を言うならば、それはちょうど数百個のオレンジを空中に投げて操る、ジャグリングのようなものだ。投げ上げたオレンジを、技術や計画性、時の運、それに奇跡の力によって地面に落とす。映画というのは本来的に、エモーショナルで知に訴えるインパクトを生みだすため、雑多なイメージと音響をひとつに寄せ集めた、複雑な集合体だ。それらの断片を集めて、編集に何か月も何年もかけた普通の劇映画になろうと、まったくモノにならず宙に消えて失せてしまうものになろうと、あるいはライブ・シネマになろうと、観客が感じる芸術的達成とその効果は、作り手たちがいかに美しくそれを演じて見せるかにかかっている。私自身の定義によってそのことをはっきりさせるならば、ライブ・シネマは実際のライブ・カメラによって撮影された映像と、事前の録画映像、そしてパフォーマンスの間にライブで切り替えることができる事前編集済みの多くの映像、という内訳で構成されている、ということだ。ここまで説明したら、次はセットとロケーションの問題に話題を進めたいと思う。

ショットを生み出す

ショットを生み出すことは、背景をどのように扱うかという問題にもかかわってくる。そしてシーンやイメージについて、どの程度ロケーションによって事前撮影しておくか、ということにも。キャストが適切にリハーサルを行い、あらかじめ話し合われた方法に従って準備を整えた後、ショットを作り出さなければならない段階がやって来る。望むのであれば、ストーリーボード・アーティストや、そのチームと組んで作業を進めることも可能だ。その方法は、私が一九八〇年代の始めに「プレ・ビジュアライゼーション」と名付けたやり方で、『ワン・フロム・ザ・ハート *One from the Heart*』（一九八二）の準備で試みたものだ（その言葉を使うことには反対もあった――「わざわざ〝プレ〔事前〕〟とつけているのはなぜなのか。ただの〝ビジュアライゼーション〔映像化〕〟ではいけないのか」というような意見だ）。あれからもう何年も経ってしまった今、その言葉が今でも有効なのかはわからない。しかし私がピクサー社を見学したとき、こんなことを言われたことを伝えておきたい。「プレ・ビジュアライゼーション室もご覧になりますか？」と。そのとき私はとてもほっとしたことを覚えている。ストーリーボードを作ることとは、とても費用のかかるプロセスだ。ピクサーやその他の成功した3Dアニメ映画の製作者たちは、自分の映画のストーリーボードの創造と編集と再検討と、その洗練に何年も費やしている。単純化していうならば、プレ・ビジュアライゼーションのプロセスにおけるストーリーボードとは、ストーリーを語り、シーンを明確にするショットの連鎖を形作るプランを意味するのだ。

ライブ・シネマを見るひとつの方法は、俳優たちが自分たちの出番となる次のシーンへとせわしなく動いている間に、セットに立てた各フレームを（ストーリーボードから）作ることだ。となると、それは現実の出来事そのものである。アニメーション製作でのストーリーボードのプロセスでは、実際にセットを作り上げる者はいないが、ライブ・シネマではあくまでセットの実情に沿った指示の範囲で、俳優たちを制御する。というより求めるショットを作り、そのショットの必要性に従うためのセットをつくるという方法とを自在に使い分けるのだ。

オクラホマでの実験的ワークショップでは、私は照明の問題に焦点をあてたかった。そこで私が決断したことは、基本的にはセットは不要であるということだ。セットにはうんと費用がかかる。それに映画のセットであれば、そこにはたいへんなディテールを必要とする。私が持っていたなけなしの資金は、セットにではなく、ショットを創造するということを理解するための最初の試みに使うことにした。そうすることで、もっぱら照明の問題にフォーカスすることができたのだった。

私はいくつかのセットの材料もアレンジした――扉、窓、セットにあわせた衣装や家具、そして基本的に用いるのは、黒いカーテン、または荒布の垂れ幕、あるいはただ何もない空間だけ。当初、私はその作品をラース・フォン・トリアーによる二〇〇三年の映画『ドッグヴィル *Dogville*』のようなものにしようと考えた。その作品では舞台となる街全体を、地面に白墨で書いた見取り図と家具で表現していて、実に奇妙で不気味な効果を与えていた。しかし『ドッグヴィル』と同様に、私の作品のセットにも壁がないにもかかわらず、結果的にそれがまったく別のものに見えることを発見した。その理由は照明にある。『ドッグヴィル』は壁がないことを、意図的にそうしていることを示すかのように、慎重に入念に照明をあてて露にしていた。ところが私たちのワークショップでは、壁がないのだったらその場所は真っ暗になるように照明を使った。

私は、床から照明を当てることに決めていた。50%はグリッドからの間接的でソフトな（スヌート〔訳注：光量を制限する器具。巻末の用語解説参照〕による）照明から、40%は床からのフィルム・ライトと映写機から、残り10%は舞台装置そのもの（セットで使うランプやその他の照明家具）から光をとる。1ダースほどの映画用LEDライトも購入した。簡単に使いまわすことができて、先行する製作物からの繰り越しで残ったバッテリーも、そのまま使うことができる。これらのライトと、実物のセットとして置かれた化粧台やフロアランプ、そして下向きに照明を当てたソフトライトのスヌートによる照明は、実に映画的なルックを与えてくれる。新しいLEDライトは、床のマーキングに沿って、シーンからシーンへとあちこち容易に動かすことができる。というのも、長く引きずる送電線が不要だからだ。

私たちがテレビスタイルのズームレンズより、むしろ明るくフラットなレンズを使っている理由は、露出のレベルが低く、その雰囲気と照明のトーンがコントラスト豊かで明度も濃く、とても美しい画面——しかしテレビ業界の幹部なら決して許さないような——が得られるからだ。実際、テレビにおけるルックのほとんどは、非常に明るいもの、画面にまんべんなく光が当たったもの、主にクロースショット以外は、本社からの指示で使うことが認められない、という事情から決められている。それは映画作品でとるアプローチとは真逆である。もし私がソープオペラの監督をやることになって、しかるべき権利を与えられるなら、もっ

セットよりも照明によって映画的なルックを獲得した。

と映画的なルックで撮る。単に光量を半分に減らすのだ。しかしそんなことはお偉方が許さない。そしてまた、典型的なソープオペラの場面によくあるお約束の編集パターンでは、エスタブリッシング・ショット（主にロングで状況を示すショット）から唐突にクロースアップに移る。二〇一五年、私はいくつかのＮＦＬフットボールの生中継に加え、ＣＢＳテレビの番組、『ザ・ヤング・アンド・ザ・レストレス *The Young And the Restless*』、『ダンシング・ウィズ・ザ・スターズ *Dancing with the Stars*』、『ザ・レイト・レイト・ショー *The Late Late Show*』のリハーサルと撮影に何度か立ち会った。ソープオペラの撮影の場を訪れたとき、私はシーン全体のためにマスターショットを押さえておくよう提案した。というのは、次のシーンではクロースアップが必要になるからだ。しかしその言葉は受け入れられなかった。なぜなら「それは番組のスタイルではない」というわけである。興味深いことに、『ザ・ヤング・アンド・ザ・レストレス』のような、長期にわたって続くソープドラマの最大のファン層は、刑務所に収監中の男性なのだそうだ。そして彼らは均一的な画面で、主にクロースアップで作られた、小粋な髪形の女性たちを見ることを好む。この公式から離れてしまうと、視聴者は一様にがっかりするのだという。

オクラホマでの実験中に私が学んだことは、ショットは様々な照明によってリアリティを帯びるということだ。それがたとえ『ドッグヴィル』の偉大な、すべてを見晴らせる、開放的なヴィジョンに似せようとなどしなくても。いや、むしろ、さらに独自の映画的ショットの別様のスタイルを持つことにもなる。それがたとえごく限られた要素――マットレス、ダイニングテーブル、扉、それからあと少々――しかなくとも。視聴者には、セットに他に何もないということなど、まったくわからないだろう。

二番目のワークショップの構想書

UCLAでの二度目の試みを構想しているとき、解答できるようにしておかねばと思った質問を、いくつかリストにしてみた。特にセットを作ったはいいものの、予算が厳しく制限されていて、舞台装置の背景・小道具が非常に高くつく場合にどうすればよいか。以下に挙げるのは、そうしたケースで必要になる主だったものである。

◆モデュラー・セット

ショットの必要に応じて、簡単に引っ張ってきて設置することができる組み立て式のセット。

◆エレクトロニック・イメージ・スクリーン

その場面に必要な要素を、セットに手際よく出し入れするためには、前もって設計され撮影され、または描画もなされたLED、あるいはその他のエレクトロニック・イメージ・スクリーンを使う。これはかつて主に映画で使われたトランスライトスクリーン（窓などから見える背景に使った、セット内に据えた大きく透明な画像）の、現代的な代用物となるだろう。

◆デジタル・セッティング

『スター・ウォーズ *Star Wars*』（一九七七）のようなビッグ・アクション映画において、コンピュータ内に作られるセット。そして俳優にはグリーンスクリーンの舞台で演じてもらい、その背景にはあらかじめ作られた映像を合成する、クロマキー技術を使う。このプロセスでは、主にそのシーンを撮影するカメラを固定しなければならない。動かすとしても、いや極端な話、手持ちカメラにしても（現代の映画ではよく使われるスタイルだ）入念なエレクトロニック・モーション・コントロール・システムが必要だ。これはカメラを三点固定することで機能する。天井や壁のいくつかのポイントに固定することで、カメラが動いても、グリーンスクリーン上のイメージもそれと同期して動く。これはトリッキーでコストのかかるやり方だ。そこでワークショップではグリーンスクリーンを使う場合も、単にカメラを動かさないことで逃げてきた。しかし予算が無尽蔵ならば、コンピュータで作ったシーンを使い、さらにその方法で自在にカメラを動かすことも可能だろう。

私はトランスライトの新しい、より現代的な手法であるエレクトロニック（LED）スクリーンは、コストの点から使わないように決めていた。しかし将来においては探求してみたい領域ではある。ひとつには、そのタイプのスクリーンならグリーンスクリーンを使うよりも、カメラをもっと大胆に自在に動かすことが可能だからだ。しかも手持ちカメラさえ使えるのだ。LEDスクリーンにかかるコストは急速に下がりつつある。そのことは、あなたも自宅にあるフラットなスクリーンのテレビを見ればおわかりだろう。いまやLGエレクトロニクス社の有機ELのような最新技術も、本物の黒色と鮮明な色彩を有した見事なまでに美しい画面も容易に手に入るようになった。

UCLAのワークショップでの組み立て式セットは、二〇世紀初期の演劇人、エドワード・ゴードン・クレイグの仕事にインスパイアされたものだ。彼の母親は英国の高名な女優、エレン・テリー。クレイグは当初、俳優として出発したが、やがて現代における最初の革新的な舞台デザイナーとなった。彼やアドルフ・アッピア（舞台照明と装置の魔術師だ）のような偉大な芸術家たちは、リアルなセットから出発してムードとトーンにあふれたより抽象的な舞台装置を構想した。それは新作でもシェイクスピアでもなんでもよいのだが、その時代における偉大な演劇製作のためのセットとして、役立ち得るものだと思う。クレイグは可動式かつ折り畳み式のパネルという、独創的なシステムによって特許を取得した。それによって光と影を投射する無数の組み合わせを可能にし、それらは演劇の舞台上でドラマチックかつ効果的に活用された。彼はそのアイディアをモスクワ芸術座とその芸術監督、コンスタンティン・スタニスラフスキーに売却し、そのパネ

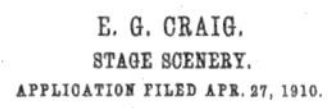

E. G. CRAIG.
STAGE SCENERY.
APPLICATION FILED APR. 27, 1910.

1,022,020. Patented Apr. 2, 1912.
4 SHEETS—SHEET 3.

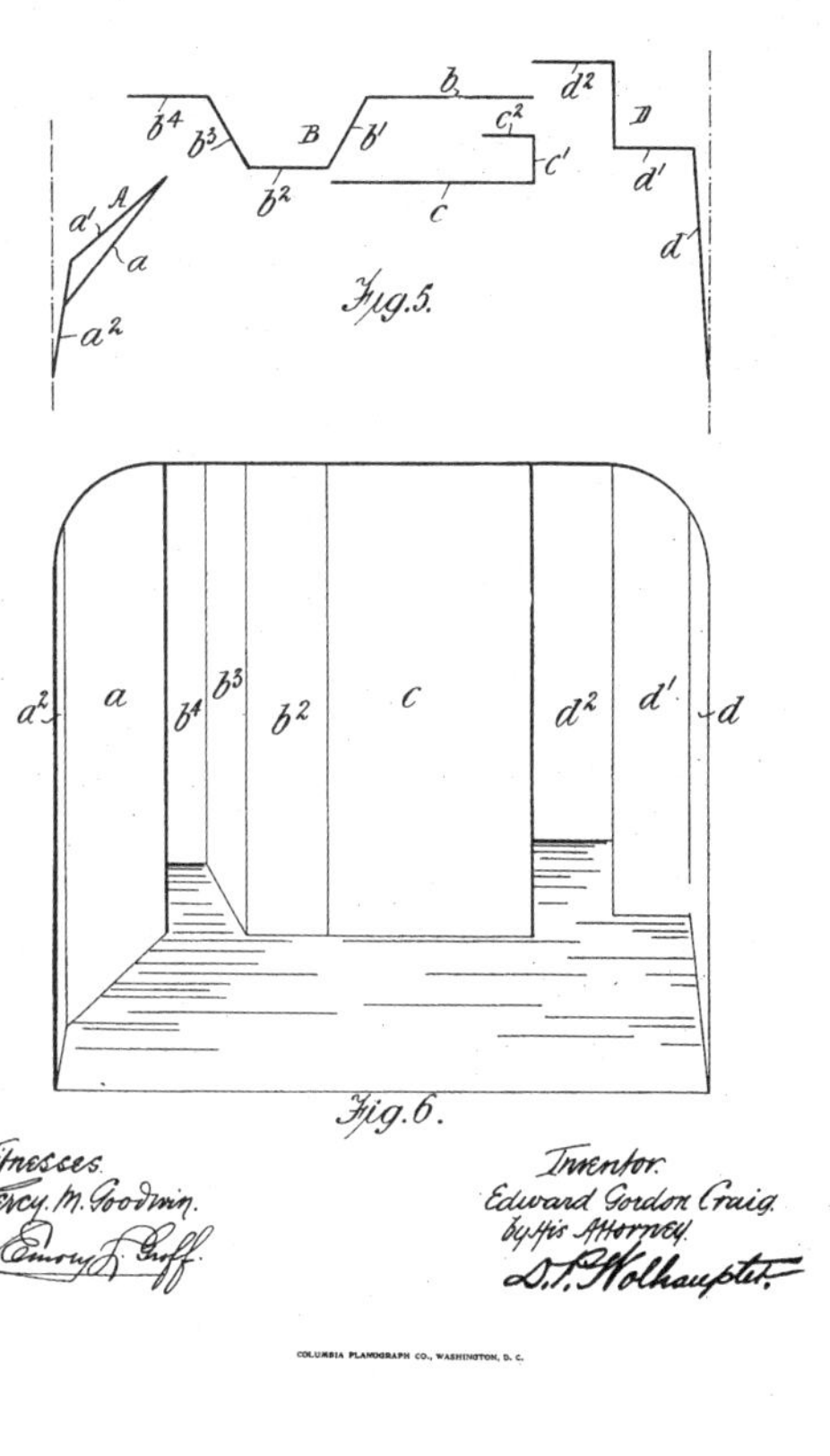

ゴードン・クレイグ・パネルの特許申請書原本

ルは一九一二年の『ハムレット』の舞台で活用された。「永続的な演目であるこの舞台で、これらのスクリーンは非実用的であり、その初演で倒れてしまった。このことはスタニスラフスキーの著書『芸術におけるわが生涯』（一九二四）の一節で確認することができる。クレイグは、スタニスラフスキーにそのエピソードの削除を要求し、スタニスラフスキーもその事故が起きたのはリハーサル中だけだったことを認めた。そして彼はついに、その不幸な事故は舞台係の過失によるものであり、クレイグのスクリーンの設計に瑕疵があるものではないという誓約書を、クレイグに渡すこととなった」（クリストファー・イン『エドワード・ゴードン・クレイグ、パースペクティブの演出家 *Edward Gordon Craig, Directors in Perspective*』〔原注：ケンブリッジ大学出版／一九八三〕）。クレイグは後に、このパネルをダブリンにあるアビー劇場のイェーツとレディ・グレゴリーに売却し、そこでこのパネルは長年の間、成功裡に活用されることとなった。

私はこれら汎用性のある組み立て式のパネルが、おそらくUCLAのワークショップのセットでも使えるんじゃないかと考えた。簡単に動かすことができ、両方向に折り畳めるこのゴードン・クレイグ・パネルによって、スタッフたちはショットの無限の可能性を有した、迷宮のように入り組んだセットを構成できるに違いない。このパネルは、ライブ上演のための、かけがえのない手ごたえをもたらしてくれた。しかし実際に私がいちばん気に入ったことは、さまざまなイメージをもってショットを作りあげる中で、その出し入れがすべるようになめらかな点だった。もし私が「ここに窓がほしい、あそこには扉がほしい、突き出しには階段を置きたい」と言えば、簡単にそれが実現できるのだ。私たちはクレイグが構想したまさにそのやり方で、たくさんの舞台ユニットを作った。さらにドアや窓（一方には内装型、もう一方は外景用）を数多く付け

ゴードン・クレイグ・パネルの縮小モデル。

加えた。最終的には合計二十九ユニットも作っただろうか。これらは着替え用カーテンや小道具類と一緒に、UCLAのワークショップのためだけに使われたセットだ。

私はゴードン・クレイグ・パネルの縮小モデルを、小さな磁石を使って作ってみた。そうすれば金属板で作ったパネルを基礎に、セットの構想をいろいろ試してみることができる。

フラップのように開いたり閉じたりすることで無限の可能性を持つ淡い灰色のパネルは、たくさんのパターンの舞台配置を実現することができる。それはまさに迷路のようでもある。しかし両方の側に折り畳んで綴じ開きができるパネルの構造は、俳優の自在な入退場を可能にし、カメラも視野に入らぬところに隠せるうえ、舞台転換もただフラップを開閉するだけで迅速に実行することができる。このように、ゴードン・クレイグが特許をとったアイディアは、私が組み立て式セットでやりたいことの要件を満たしてくれた。灰色のパネルには様々な舞台照明を投影することができるので、たくさんの質感、雰囲気、影、そしてムードを、各ショットで確かに実現することができた。私たちがやったことは、クレイグのパネルとタイピング風のアッピア効果（背景セットへのイメージやグラフィックの投影）をコンバインさせることだったとも言えるだろう。私たちは折り畳みができて、数百通りもの組み合わせが可能な、自在に動かせる迷路状のセットを得ることができた。そして投影映像と影と、その他の効果で各々のセットを差異化することができたのである。

私が書いた脚本の中でも、真に商業的な作品となるだろう『ディスタント・ヴィジョン』は、一九二〇年代の居住空間を想定している。そこで、私はパネルを壁紙で覆い、さらにパーティ用のセットのためのディテールを付け加えた。しかしこの実験ワークショップではそれを使わず、それらのパネルは別のシーンに使

ゴードン・クレイグ・パネルの実際の設置の様子。

うことにした。

付け加えると、現実的なエフェクトを加えることも可能なようで、階段の手すりの影や、外部要素からの光、レンガや石の肌理（きめ）の表現など、考え得るすべてのことは試してみた。今後の話として、これらのパネルもやがて劣化し通常のセットと同じ質感にならざるを得ないだろう。しかし組み立て式という機能はまだまだ有効である。

ショット

なお、カメラを隠す方法としても、折り畳み式フラップ／壁は便利で有用なのだが、やはりメインショットを最適に構成するのは、おそらくはセカンドショット、そして同軸上で撮られたサードショットだろう。その場合、多くのショットが損なわれるとはいえ。最良のリバースアングルやクロースアップでさえ、シーンにフォーカスした一群のカメラの中では、ライブでの撮影はできない。その理由は単純で、カメラが外に見えてしまっているからだ。このやり方ならたくさんのショットを得ることができて非常に便利ではあるのだが、しかし私が求めるベストのものではない。私たちのカメラマン、ミハイ・マライマレ・ジュニアは各シーンに、7台からそれ以上のカメラを、優れた天分で巧妙に配置してくれた。しかしワークショップにとって、それらが決して最良のものであるとは言えなかった。というのも、私が本当に求めるアングルでのショットを得ることはできなかったからだ。様々な理由から、このやりかたにも良し悪しはあった。そうした妥協の末に生まれたショットのいくつかは、模範的だという以上のものではなく、興味深いというよりは、せいぜいましなものという程度の水準だ。だが、断言しておかなければならないが、これこそがライブ・シネマにとっての問題なのだ。望むようなベストショットは、まったく同時に簡単に収めることはできない。ただ、この課題にもいくつかの解決策はある。前述した4Kカメラがそのひとつの方法だ。自分がほしいショットを撮るため、他に方法がないときは、私もその手を使っている。

もうひとつの解決策は、ショットを事前撮りするというやり方だ。それをEVSに記録しておき、ライブ中のパフォーマンスの最中にそれを利用する。これはなかなかうまくいく。「1、2、3、4、5」と、番号で振り分けたライブ・カメラの間に、「A、B、C、D、E」とラベリングしてEVSに保存したショットを利用して、カットインする。ライブ・テレビでは、このようにラベルをつけての目録化は非常に大事なことだ。そうすれば迅速な選択ができるし、どれがライブでどれが事前撮りのショットかで混乱する心配もない。もし「EVS3」と言ってしまうと「ライブ・カメラ3」と間違えてしまうことがある。それぞれ区別せねばならない。

もしあなたの物語がビーチで、あるいはその他のロケーションでもいいのだが、トランスライトやデジタル・モーション・コントロール、あるいはグリーンスクリーンといった、スクリーンマジックで作るのが困難な場所が舞台だとしたらどうするべきなのか。黄金時代のハリウッドでさえ、スタジオ、あるいはセット、または野外か屋内といったさまざまな形で、なんとか可能な限り撮影を試みたものだ。各スタジオには膨大なピクチャー・ライブラリーがあり、必要な舞台が世界中どこであろうと、どんな時代であろうと、調べればそれを再現することができた。彼らがスタジオ内に作れなかったものは、セカンド・ユニットが数日から数週間を使って、実際のロケーションで撮影を行った。スタジオには巨大な野外撮影所（バックロット）があり、D・W・グリフィスの『イントレランス *Intolerance*』（一九一六）に始まる長い伝統として、それは四〇年代から五〇年代を通じて使われ続けた。映画製作におけるハリウッドの方程式は、単純にして実践的だ。セットはスタジオ内と野外撮影所の両方に作り、高額な出演料を得る主演俳優のスケジュールがきちんと引かれ、管理可能な環境が整えば撮影のほとんど大半はそのどちらかで行われる。また、どうしても遠く離れた場所での撮影が必要な数シーンについては、セカンド・ユニットが撮影を受け持ち、時にはスターの衣装をつけた代役を使うこともあった。そして大方の場合、こうした作業はほんの数日間、ごく限られた人員（その誰もが高額な報酬を得ているわけではない）で実現される。ハリウッドの方程式は、ライブ・シネマだけがアプローチ可能な手段である。しかし、地球上くまなくほとんど瞬時にしてどことでもコミュニケーションが可能な今、その他の解決方法もある。たとえば、作品は遠く離れた場所、あるいはそれが二、三か所にまたがっていても、監督とそのスタッフたちがコントロール・ルームにいながら……いや、場所などどこでもいい、とにかくどこにいても作り出すことができるのだ。間違いなく技術上の解決策は生まれる。実際、デジタル媒体では、コンセプトと予算次第でどんなことだって可能なのだ。

一九六四年に私は、センチュリー・シティへの道路建設のために壊される前の二〇世紀FOXのバックロットを車で走り回るという、うれしい特権を得たことがある。それは実にスリリングな体験で、『聖処女 *The Song of Bernadette*』（一九四三）や『聖衣 *The Robe*』（一九五三）、その他の映画の巨大なセットを通り過ぎることができた。ハリウッドのどこででも、バックロットにはこれと同レベルの驚くべき大建造物をみつけることができたのだ。そしてスタジオ内のサウンドステージに作られたセットも、しばしば同じくらいに印象的なものだった。しかし私がまだ二十五歳の駆け出しの映画監督のとき、フレッド・アステアが出演していて、そのうえペトゥラ・クラークとトミー・スティールまで出ているにも関わらず、『フィニアンの虹 *Finian's Rainbow*』（一九六八）の撮影を、ワーナー・ブラザースは予算がないことを理由に、本物のタバコ畑のあるケンタッキーでのロケを拒否した。そのとき私はおおいに不平をもらしたことを白状しなければならない。結果的に私は、『キャメロット *Camelot*』（一九六七）で使われた屋内、屋外のセットを手直しして撮影することを余儀なくされたのだった。

このように費用がかかったり珍しい場所でのロケーションを、いかに処理すべきかという問題に対する答えはシンプルだ。もしロケーション撮影のために十分な予算があるのならそうすればいい。さもなければ、ライブで統合して、後追いで編集するショットをあらかじめ撮影しておけばいい。衛星を使ってロケーションショットを得ることもできるだろう。あるいは、スタジオでライブ製作した他のシーンと接続することも可能だ。つまるところ、ライブ・シネマを作るにせよ、従来型の映画を作るにせよ、スタジオかロケーションかといった問題は変わらず残るのだ。

第6章——来るべき恥辱——ウィスコンシン州マディソン

私が友と信じる人物に、カリフォルニア州知事ジェリー・ブラウンがいる。彼は私の兄、オーガスト・フロイド・コッポラの友人、同僚でもある。ちなみに私は兄の名前の全音節にアクセントを置くようにしている。なぜなら私の名前は、実をいうと兄の名前のそっくりコピーだからだ。私はかねがね、いかにも総合性を感じさせる兄の名を愛してやまなかった。だから〝フランシス・フォード・コッポラ〟という名も、彼をまねて使っている。ともあれ、私たちはブラウン知事には親しくしてもらっていた。そうした関係なればこそ、彼が一九八〇年に大統領選に出馬するためのコマーシャル製作を私に求めたとき、私は引き受けることにした——しかし私はそれをライブ・イベントにすべきと考えたのだ。そしてこれは私のキャリアにおける経験でも、とりわけ厄介で悲惨なものとなった——とはいえそれはテレビ放送、特に生放送についての私の感覚に近い。

『来るべき世界 *The Shape of Things to Come*』［訳注：H・G・ウェルズによる同名小説に由来する。自身の脚本で一九三六年に同名映画化もされている」は最初期の生中継による政治的プレゼンテーションの試みである。そのアイディアとは、ウィスコンシン州マディソンの州会議事堂前で、テレビの生放送を使って、彼が語るアメリカの夢とそのゴールを表すイメージ映像に重ねて、彼が演説する姿を見せるというものだった。私たちはいつもながら予算の問題に突き当たった。それに私はこうしたことにまだ経験がなかった。テレビ会社とはマディソンで連絡をとり、機材の手配にはそれを操作するのに必要なオペレーターやスタッフたちと協力し合い、レンタルできた五、六台のカメラを扱えるビデオ・トラックを借りさせた。そして私はジェリーと、彼の見解に沿って仕事をした。私は彼に気候のことは無視して（三月のことだった）トレンチコートを着てもらい、引用元となるたくさんの映像素材を調達してきた。その中には『平原を耕す鋤 *The Plow That Broke the Plains*』といった映画も含まれる（一九三六年製作のペア・ロレンツによる短編ドキュメンタリーで、アメリカの農園の真に迫るイメージを示した）。そうすることで、演説に集まった大勢の市民たちの前で演説するジェリーを映しているカメラとこれらのフッテージとを、相互に切り替えることができる。

いつもながら、私はプロジェクト全体をあり得る限り難しいものにしてしまった。というのも、ただ単に選挙の候補者が、精力的に演説するイメージを見せるだけの生放送でなく、クロマキー（ジェリーの背後にスクリーンを配置した）を使って、彼がいままさに聴衆に語りかけている希望にあふれた言葉をさらに増幅するようなイメージ映像に、彼の姿を重ね合わせようと考えたからだ。私は元となる資料映像を準備し、ウィスコンシンに持ちこんで、レンタルしたテレビ・トラックに詰め込んだ。心に訴えるシーンを撮るため、カメラを積んだヘリコプターも調達した。イルミネーションを施した建物とその前に置かれた演壇は、画としてはまったく理想的だった。集まった熱狂的な観衆に語りかけるジェリーのことを、あたかもすでに大統領であるかのように見せてくれる。ブラウン知事がウィスコンシン州会議事堂の正面に踏み出す姿は、いかにも〝大統領然〟とした風格があった。建物もまた然りである。ここにはウィスコンシン州最高裁判所と州知事室に加え、ウィスコンシン州上下両院議場が置かれている。その大伽藍は巨大な権力のイメージにあふれていて、ワシントンDCの最高府と比べても、決して引けをとるものではない。ブラウン知事は極寒の天候の中、トレンチコート姿で悠々と演壇に近づいた。屋外がこれだけ寒いということを最大限に活用しようというのは、私の意図だった。ライブでの政治声明発表は、当時はまだ珍しかったのだ。

もうひとつ、私がよくやらかすこととして、失敗しかねない瀬戸際ぎりぎりのコンセプトを持ち込んでしまうという問題がある。だがそれによって、何が可能で、何が不可能なのかを知ることができる。そのような練習の場として、政治目的のテレビ生中継を利用しようというのも不思議はない。私は自分がどれだけのことが可能なのかを、これを機会に知りたくてしかたがなかったのだ。そして実際、自分自身の能力以上の地点まで、私はプロジェクトを押し進めていった。

トラックの中でライブの準備をしながら、私の心は恐怖でいっぱいだった。私の前のプレビュー・スクリーンに映った映像は、レンタルカメラと同期しているわけだが、しかしどのカメラにもすべてまったく同じ映像が映っていた。どのカメラも男の足の映像を映し出している。私は半狂乱になって、カメラマンたちにすべてのカメラを上にあげて、あらかじめ話し合った通りのアングルに直すよう、インカム（インターコム）を通して大声をあげた。ところがなんとインカムが作動していない。トラック内にいるオペレーターは、な

ジェリー・ブラウン知事の政治集会の宣材

んとか通じるようにしなければとやっきになっているが、画面に映っているものは、ただカメラマンの足だけなのだ。時計は情け容赦なく時を刻むが、これは生中継だ。

候補者が演壇の前に進み出たとき、私は大群衆の空撮に切り替えた。他に変えるべきショットはなかった。とうとうひとりのカメラマンが、インカムでのやりとりなしに、自発的にショットをとらえてくれたのに私は気づいた。それ以外のカメラは奇妙なことに、みな自分の靴を映している。スピーチが始まった。映せるショットをよこせと叫ぶ声を、カメラマンたちの耳に届けようと、私は半狂乱だった。しかし反応はからっきしだった。そこで私はアメリカの鼓舞的なイメージと共に、『平原を耕す鋤』を流した。それ以外にショットはないので、そこに知事の映像を合成するよう、トラックに指示することにした。結果としては、あたかも火星からの映像のようになってしまったわけである。クロマキーの映像がひずんでしまったので、ブラウン知事の映像に奇妙でおかしなエフェクトが重なってしまったのだ。インカムはとうとう動かなかった。手持ちのショットで最善をつくしたとはいえ、おそらく政治演説としてこれはかつてなく珍妙なものになった。すべてが終わった後、もし私がもう一度テレビのライブ中継をやる機会があれば、絶対に故障を起こさない、装置に安全保障のあるトラックを持とうと、固く決心したことを覚えている。とりわけインカムだけは絶対に壊れることがないように。

お断りしておくと、すべてが終わった後も、ジェリー・ブラウンは極めて寛大だった。たぶん放送がどれだけ混乱したものだったか、気づいていなかったのだろう。その親切心を示す事実として、その後二〇一〇年に、彼がカリフォルニア州知事に立候補したとき、才能ある奥方のアン・ガストと共に、政治メッセージを作る手助けをしてくれないかと私に依頼してくれたのだ。私は謹んでお引き受けし、彼は当選した。とはいえ最初のテレビ生中継のあの惨憺たる結果を、彼が根に持たずにいてくれたことを、私は今も感謝してやまない。

この最初の経験を経て、私は後に『ワン・フロム・ザ・ハート』を生放送の方式でやることに決めた。レンタルトラックとクルーの失敗についての苦い記憶は、私の新しいゾエトロープ・スタジオで使うための、自分自身のビデオ・トラックを持ちたいという願いにつながった。そこで私は、エアストリーム社製の自走式トレーラーのカスタムバージョンを選んだ。生産された二台のうち、もう一台はNASAが使うことにな

シルバーフィッシュ。一台はゾエトロープ・スタジオ所有のもの(上)、もう一台(下)はNASAの所有物である。

った。

すべてが完全に装着されたそのトレーラーの完成品（『アウトサイダー *The Outsiders*』〔一九八三〕の少年たちに由来して「シルバーフィッシュ」と名づけた）が、ワーグナー『ワルキューレ』第三幕（そして『地獄の黙示録』）の凱旋の音楽、「ワルキューレの騎行」を高らかに鳴り響かせながら、私の新しいスタジオに乗り入れてきた時の高揚感は、忘れることができない。

第7章――『ワン・フロム・ザ・ハート』の教訓

『ワン・フロム・ザ・ハート』の製作意図と、それに関する裏話は少しばかり人の興味をひくのではないかと思う。製作当初に私が下したたったひとつの決断が、その後の私の生涯長くにわたって残り続ける、いくつかの悔恨のうちのひとつとなったからだ。けれど、その決断から学んだことは、ずっとのちに私が率いることになるOCCCとUCLAのワークショップでの二つの実験で、私に大きな示唆を与えてくれている。

一九八〇年代の始め、私が『ワン・フロム・ザ・ハート』について考え始めた頃、『地獄の黙示録』がまさに公開中だった。批評家たちの反応は、いささか理解と読解に困るように私には感じられるものだった。タイム誌のフランク・リッチは、そのレビューで「この時代のもっとも並外れたハリウッドの愚行」と述べた。この映画はハリウッドのパシフィック・ドーム・シアターで封切られた。かつてジョージ・ルーカスと私が、『アラビアのロレンス』に打ちのめされて、その通路を歩いた劇場である。そのどっちつかずな、しかし結局はネガティブな評にもかかわらず、多くの観客がつめかけてくれた。そして『地獄の黙示録』は、一九七九年のアカデミー賞で、作品賞こそ『クレイマー、クレイマー Kramer vs. Kramer』(一九七九)に譲ったものの、技術部門では二つの重要な賞を獲得した(撮影賞にヴィットリオ・ストラーロ、音響賞にウォルター・マーチ、マーク・バーガー、リチャード・ベッグス、ネイサン・ボクサー)。とはいえ、『地獄の黙示録』の主要な出資者は私自身であり、三二〇〇万ドルかかった製作費は予算を大幅に超えたものだった。その当時の利率は二十一%にあがっており、私が早晩破産するだろうことは火を見るより明らかだった。それに加えて、私はアーティストとしての信用も失ってしまったかのように感じてもいた。私に測り知れないほどの成功をもたらしてくれた『パットン大戦車軍団 Patton』(一九七〇)、『ゴッドファーザー』、『カンバセーション…盗聴… The Conversation』(一九七三)、『アメリカン・グラフィティ American Graffiti』(一九七三)、『ゴッドファーザーPARTⅡ The Godfather PARTII』(一九七四)といったプロジェクトの直後だというにもかかわらず。

もともと『地獄の黙示録』に出資してくれようという人は、誰もいなかった。それに、私が見出した以前の作品に出演してくれた俳優たちも、誰ひとり出ようとしてくれなかった。結局のところ、一〇〇万ドルの出演料に加えて、総収入の一一・五%の歩合でマーロン・ブランドは出演を承諾してくれた。車を走らせてマリブまで会いに行ったスティーブ・マックイーンとの意義ある会話を、私は今も忘れられない。しかし彼も最終的には、それほど長い期間を家族と離れてはいられないと悲しそうに私に伝え、出演を辞退した。

『地獄の黙示録』についての私の感覚、感情を理解してもらうことは、おおいに役に立つはずだ。というのも、それは私のこれまでの人生の中で、芸術面・経済面ともにおそらく最も厄介極まりなく、ほとんど恐怖とさえ言ってもいいような経験だったからだ。私がまさにイカロスのように空を飛び、太陽に近づきすぎてしまったことは明らかだ。単に時間の問題だったのだろう。何か月後か何年後かはともかく、私は最終的には墜落する運命にあった。だからそのことを肝に銘じ、『地獄の黙示録』の決定的にして甚大な大失敗の次に作る作品は、急いで手早くまとめよう。手堅く、成功が保証された、エンタテインメント色が強く、一般の人々の興味を引くものにしよう。そうすればその新作は私を救ってくれるだろう、と痛切に感じていた。だとしたら、次回作はコメディにしよう、しかも昨今ではあまり顧みられることのない、ミュージカル・コメディにしようと、私は考え始めた。

ある日のこと、アーミヤン・バーンスタインという名の、ハンサムで背の高い黒髪の青年が、ロサンゼルス空港で私に近づき、「脚本を読んでもらえないか」と尋ねてきた。そんなことは毎度のことでもあるし、私は他の何であるよりも自分のことを、第一に脚本家であると認じていたので、彼には取り合わなかった。

その青年の脚本は『ワン・フロム・ザ・ハート』というタイトルだった。シカゴを舞台に、恋をしてそれに敗れた少女との関係についての、多かれ少なかれ彼自身のことを語った物語だ。ラブストーリーをやるのも悪くない、と私は思った。とりわけそれがコメディならば。しかし私が本当にやりたかったのはミュージカルだった。古き良きハリウッドのスタイルを甦らせるには、うってつけの時期ではないかと私は感じていたのだ。西部劇だったらスタジオに企画を持っていくのさえ、ご法度だったろうが。スタジオというのは、常に最新のヒットに似たり寄ったりのものばかりを探している。それ以外の企画は常に〝禁忌〟なのだ。

その当時、私はまだ若かった家族とともにサンフランシスコに住んでいた。ノースビーチの歴史的建造物、センチネル・ビルの最上階に美しいペントハウス・オフィスを持っていて、あのすばらしいリトル・フォックス劇場など、地域のビルの所有権をいくつも持っていた。資産投資のために『シティ・マガジン』という週刊誌のオーナーでもあったし、直近ではKMPXというラジオ局まで買っていた。このようにたくさんの媒体を持つことは、クリエイティブな仕事をする上ではある種の夢のようなものだった。ストーリーなら雑誌に掲載できるし、ライブ・パフォーマンスならば劇場にかけられる。ラジオで放送したっていい。当時自分が何を考えていたのか正確にはわかっていなかったにせよ、私にしてみればそれはけっこうエキサイティングな時期だった。

しかしながら、『地獄の黙示録』の負債がのっしりと迫っていることはわかっていたし、それが私自身の経済的な黙示録になるだろうことも自覚していた。怖かった。そんな恐怖に押しつぶされそうな時、私が決まってやることといえば、何かもっと新しく、より大きく、そしてより思い切った、さらにエキサイティングなプロジェクトに飛び込んでみるよう気取ってみることだった。私には人を巻き込めるような着想があったし、市内のすぐ目の前のノースビーチにスタジオだって持っていた。ビルのひとつをストーリー部に、別のひとつを演技部にすることだってできるだろうし、通りを渡ったところのビルはカフェにしてもいいだろう。劇場の左側の建物はフィルムとサウンドのラボにするのだ。これらすべては、自由奔放なボヘミアンの因習と共に私のすぐそばにあって、悪くないレストラン、カフェ、たまり場に、バー、そして集まってくる女性たちも含めて、よりどりみどりだった。まさに私がかねて望んでいた『ラ・ボエーム』の世界だ（訳注：『ラ・ボエーム』はプッチーニのオペラ。芸術家としての夢を持ちながら、自由奔放な生活を享受するボヘミアンたちを題材としている)。

『地獄の黙示録』からの収入は、ぽつぽつと入ってきてはいたが、私が見込んで覚悟を決めていた大損害は、まずまず予想通りになりそうだった。私はまだ脚本に手をつけていなかったが、しかし頭の中にはそっくりあった。タイトルは「選ばれし関係 *Elective Affinities*」。連作映画として思いついたもので、一八〇九年に執筆されたヨハン・フォン・ゲーテの不滅の小説『親和力』から着想を得た、愛に関する四人の男女の物語だった。四本の映画はそれぞれ季節が異なり――春、夏、秋、そして冬――、そして各作品は愛に関する命題における一側面を描き出すことになるだろう。それは男と女、そしてまたもうひとりの男、あるいはもうひとりの女の間に起こる化学反応を要素とする。例の青年が私に渡した脚本『ワン・フロム・ザ・ハート』は、私が考えていたこのプロットにある面で合致していた。またおそらくその脚本は、ミュージカルにできるだろうとも考え始めた矢先でもあった。彼の脚本が設定したシカゴのかわりに、たぶんラスベガスを舞台にできるだろう、と。というのもそれは最高級のギャンブルという、かつて私たちの誰もが手を染め、出会い、そして愛し続けているものについての物語だったからだ。少しずつではあるが、私は自分のゴールも緊急に達成する必要があることがわかり、そのためには先の青年、アーミヤンの脚本を手に入れることが、近道であることを悟った。それを「選ばれし関係」の脚本の中に、何らかの形で取り込み、それを商業的なミュージカル・コメディに作り上げるのだ。それがやがて私にふりかかってくるはずの『地獄の黙示録』の負債という、避けられぬ災厄から私を救ってくれるに違いない。そんなふうに考えるほどに、間違いなく私は狂っていたのである。しかしそれが当時の私の頭の中の、包み隠しのない回想である。

一方、サンフランシスコのスタジオを統合するという私の努力は、テコでも動こうとしない意固地な抵抗によって、頓挫を余儀なくされた。地主たちが隣接する不動産の売却やリースを拒み、私がイメージした市内のスタジオ建設への協力を拒んだのだ。私は完全に失望してしまった。嫌というほど意識している『地獄の黙示録』の失敗による避けようのない破滅は、もう目の前にまで来ている。さらに話を厄介にしていることには、『ワン・フロム・ザ・ハート』の権利を所有しているMGMが、これをプロデュースし、出資したいと申し出てきた。となると、当然のことだが制約が生まれる。予算もそこそこといった消極的な額だ。そしてMGMはこれをミュージカルにすることの必然性をそれほど感じていなかったし、そもそもどんな作品であれ、ミュージカルを作ろうという考えも当時はなかった。それに彼らは、私がなぜラスベガスを舞台にしたいと思っているかも理解していなかったのだ。それについてはアーミヤン・バーンスタインだって怪しいものだったが。しかし彼は、空港で私に声をかけたことが功を奏し始めていることを喜んでいたし、私の考えにも快く寄り添ってくれた。

完全に方針がひっくり返ったのはこの時だった。シティ・スタジオの案は捨ててはどうか、いっそ本物のハリウッド・スタジオを買ってはどうか？　売りに出ている物件もいくつかあった。必要なものはすべてあるし、みな同等に才能ある俳優たちにも事欠かぬLAに居を定めるのだ。私がサンフランシスコのいくつものビルに投資してきた額なら、ハリウッド・ジェネラル・スタジオを買えた。そこは、第二次世界大戦が始まろうとする頃に、私の大好きな『バグダッドの盗賊 *The Thief of Bagdad*』（一九四〇）の最後のシーンが撮られた場所だった。思い出すのは、若きインド系アメリカ人スター、サブーが虎に乗った場面である。スタジオ見学の機会が手配されたので、私はその門をくぐった。この近所にあるバンクロフト・ジュニア中学に通っていた当時十三歳の私が、あこがれのまなざしでその中を覗いた、まさにその門である。私は撮影所の端まで歩き、九つのステージを通り過ぎ、そして反対側の門を出た。その頃にはもう心は決まっていた。ここをゾエトロープ・スタジオにしようと。

そこから私のイマジネーションは暴走を始める。『地獄の黙示録』の撮影において、すべての事柄は旧来のやり方で行われた。ヘリコプターが必要なら実際にヘリコプターを飛ばしたし、爆発を撮りたければ本当に爆発をおこした。今や新しい時代への夜が明けようとしていた。映画はまったく新しい次元へと突入する。デジタル革命だ。映画は私がかねて想像していたように、ついにはコンピュータ化する。私の新しいゾエトロープは、すべての部門をゼロックス・スター・コンピュータのネットワークがひとつにつなぐ、未来のスタジオになれるはずだ。ネットワーク化というアイディアは、かつては実現の可能性に乏しかったが、ジョージ・ルーカスと共に訪問した、ゼロックスPARCの際立った技術のおかげで、もはや不可能ではなくっていた。私は同僚たちに「ネットワークというのは、長いもの干しロープのようなものだ」と説明していた。たとえるなら、ストーリー部門の窓から入ってきたロープがもう一方の窓から出て、それがアート部門の窓に入り、そこからは次々とキャスティング部門、音響部門、特殊効果部門など、次々とすべての部門を通り抜けていくのだ。ひとりが物語のタイトルとアイディアを洗濯ばさみにはさんで留めると、もの干しロープがひっぱられて、ストーリー部門へと渡されていく。私はゼロックス・スターのコンピュータを二台だけ購入することができたものの、それらは後に引き取られてしまった。しかし少なくとも、私はアップルとマイクロソフトの両方と同じように、それらを〝借りる〟よりはむしろ、ゼロックスから買ったのだ。スティーブ・ジョブズがアップルから盗んだと、ビル・ゲイツを非難したとき、ゲイツはこう答えたものだ。「なあスティーブ、ものの見方はひとつだけじゃないと思うんだ。我々には金持ちの隣人がいて、その名をゼロックスということにしよう。ぼくがその家にテレビを盗みに押し入ったところ、すでに君がそれを盗んだ後だった、と考えることだって十分に可能なんじゃないか」(ウォルター・アイザックソン『スティーブ・ジョブズ』〔訳注：邦訳は講談社刊。ここでは文脈に沿うよう、訳者が新たに訳出した〕)。

ゾエトロープは、コンピュータ化された最初の映画スタジオになるだろう。究極的にはデジタルのカメラと編集機、そして投影機を備えたものに。そしてそれだけではない。未来を過去と接続し、昔のハリウッド・スタジオのような運営をする。演じて歌うことでギャラを得る俳優たちと契約を交わし、ダンススクールも内設する。若い中高生の見習いの段階では、演技、アート、音響、音楽といった、彼らの興味関心のある部門で、一日数時間だけ働くようスタジオ入りすることもできる。それはまるでパラダイスのようになるのではないか――『地獄の黙示録』の現実という名の死神が先回りしてくる前に、この計画がうまくいきさえすれば、の話だったが。

私が『ワン・フロム・ザ・ハート』をやると公言したのは、そんな時だった。ラスベガスを舞台とし、トム・ウェイツとクリスタル・ゲイルを除いて俳優たちは歌わず、「ミュージカル・ナレーター」としてオリジナル曲を歌う、セミ・ミュージカルの形をとることで私は妥協した。今こうしてあの頃のことを追想してみると、またしてもわくわくしてしまう！　私が実際に非の打ちどころのない脚本を持っていたかどうかに関係なく、そしてもちろん、その物語を撮影する必要のためだけに、単にラスベガスに行くといった、理屈ばかりのことをやりたくもなかった。私は企画を実現し、しかもそれをライブでやりたかったのだ。まさにテレビの黄金時代にジョン・フランケンハイマーがやったような、あのライブ・パフォーマンスを。当時、私は一九八一年にならんとする中で、ネガフィルムにとって代わり、それだけの重要な用途に使えるだけのテレビカメラなど存在しないことに気づいていた。しかし私たちのスタンダードフィルム用カメラのファインダーは、テレビカメラにも装着することができた。とはいえマスターフィルムが、スタンダード一巻一〇分のままであることには違いなく、少なくとも一度に一〇分間は、見て、編集して、音響をミックスして、音楽を加えて、ライブで製作することはできた。

私がUCLAの学生だった一九六一年、パラマウント・スタジオをたずねたとき、ジェリー・ルイスが『底抜けもてててもてて *The Ladies Man*』(一九六一)を監督しているところを見学するという、すばらしい機会があった。エキセントリックで、次に何が起こるかわからない、彼の監督・主演作品が私は大好きだった。私がセットをたずねたその日は、たまたま彼の誕生日だった。そしていつものように私は猛烈に腹をすかせていた。その日が今でも忘れられないのは、今まさにナイフが入って、人の口に投げ込まれんばかりの巨大なバースデーケーキがそこにあったから、そして「第四の壁」(訳注：演劇において舞台と観客とを分かつ透明な壁、またはその概念のこと)を取り払うようにつくられた、驚くべき寄宿舎のセットを見るチャンスだったからだった。私は彼によるビューファインダーを装着したテレビカメラの聡明な使い方と、二インチのアンペックス・ビデオ・レコーダーを用いた録音作業の様子——その機材によって彼はラストテイクをプレビューすることができた――をも目にする機会を得た。そしてついにその巨大なケーキが切り分けられた。私は不運なことに、限りなくその近くにいたために、礼儀正しく振舞うように努め、切り分けたケーキをみんなに手渡すことになった。最後の一切れを配ると、ケーキはもちろんみんななくなってしまって、とうとう私はひと口も食べることができなかった。そんな思いもしたけれど、私は常々そのときのルイスのビューファインダーとビデオ・レコーダーのことを思い出す。そのアイディアについて、どうして他の誰もそれに倣おうとしないのか不思議でならなかった。そして今、『ワン・フロム・ザ・ハート』においてこそ、このアイディアを再活用しようではないか。そうすれば業界全体もそれに従うようになるだろう。ビデオ・アシストを使えばいいことは、失敗に終わった私の実験（訳注：前章で紹介された選挙演説のライブ放送を指す）からもわかっていることだ。

私たちはスタジオに九つの巨大なステージを作った。そして私の偉大なるプロダクション・デザイナー、ディーン・タボラリスと彼のチームが、そのステージのひとつひとつを、ラスベガスの完全なレプリカに作り上げていった。それはちょっとした見ものだった。どのステージも、とにかく巨大で圧巻で、威容を誇った作りだった。いや、作られたなどというものではなく、美術部門はラスベガスそのものを作ってしまったのだ。その圧倒的なネオンもリアリティたっぷりに、それも完璧に。しかもほんの目と鼻の先、ラスパルパス・アベニューとサンタモニカ・ブールヴァードの角にある、この古いスタジオの中にである。セットは場面進行の順に作られたが、それは俳優たちが場面から場面へと、脚本をそのままライブで演じながら、移動できるようにするためだ。歌もライブで歌われれば、最終編集も、特殊効果も、音響効果も、ライブで付与されていく。それがおおよその私の構想だった。

『ワン・フロム・ザ・ハート』の撮影風景

以下に記すことは、スタッフ一同がこの新しいアイディアを聞いているときに、その各々がいかに違った捉え方をしていたかの好例だ。ヴィットリオ・ストラーロは、疑うことなく、存命する撮影監督の中でもっとも偉大な人物のひとりであり、またすばらしい人格者だ。『地獄の黙示録』のジャングルの中で、私と共に戦い抜いてくれた男でもある。［ベルナルド・］ベルトルッチのあの美しい『暗殺の森 *Il Conformista*』（一九七二）も彼の手による撮影だ。そんな彼が私のところに来て、そのチャーミングなイタリア訛りの話し方でこう言った。「フランシス、どうしてそんなにたくさんのカメラが必要なんだい？　これでは照明に難儀するよ。一台だけでいい。それならもっとずっと早く撮ることができるよ」。私が心を決めたのはそのときだった。そしてそれが私の生涯たった一度の本当の後悔だ。私はスタジオを購入し、ラスベガスのセットを九つのステージに作らせた（本物のラスベガスまで飛行機でほんの四十五分だというのに）。こうしたすべてを、私は『ワン・フロム・ザ・ハート』をライブで撮るためにだけ——それもライブ・シネマを作るという、生涯の夢を実現するためだけのためにやったのだ。私はヴィットリオを愛するがゆえに、気にかけすぎたのだろう。そしておそらくは、自分がこれからやろうとしていることに、怖気づいてしまった——私は断念したのだ。

ストーリーのモラル

『地獄の黙示録』は、私がなんとか避けようとした財政破綻にまでは至らずにすんだ。あのベトナム戦争の映画を見ようと、シネドーム劇場に来てくださる観客の足は止まることがなく、驚くべきことだが、二一%もの高金利にかかわらず、最終的には製作費を回収してしまったのだ。しかし『ワン・フロム・ザ・ハート』はといえば、卓球の対戦相手が強烈に叩きつけたスマッシュのようなもので、批評家たちの攻撃は、私の家庭の財政事情をもひっくり返してしまうほどのものだった。その結果、連邦倒産法第一一章（債務者の業務再編成に関する条項）と照らして、次の二つのことを経験する羽目になる。まずひとつめとして、妻と私のふたりは大きな円卓のあるニューヨークの銀行の重役会議室で審議にかけられ、そこで数百にものぼろうかという書類に、一日中署名させられることになった。続いてもうひとつは、私たちの資産のすべては銀行に没収されることになった。そのうえで向こう十年間は、あてがわれる映画を毎年ごとに一本作ることを義務づけられた、というわけだ。

こうして自らの手による、ライブ・シネマへの私の挑戦はついえ去ったのだ。

第8章——『リップ・ヴァン・ウィンクル』

『ワン・フロム・ザ・ハート』の大損害の後、私はライブ・テレビ実現のためなら、どんなことであれ、実入りのあるものにしようと心に決めた。そうするための学びになりそうなことなら、どんな依頼でも引き受けよう、従来型の劇場との違いを知るためにどんなアイディアでも試してみよう、と。最初の機会は一九八七年に訪れた。シェリー・デュバルの「フェアリーテール・シアター」での仕事だ。彼女のプロデューサーであるフレッド・フックスが、連続ものの演目のひとつを演出する機会を、私に提案してくれたのだ。その舞台は連続的な台本で撮られ、実際のブロードキャスト・ライブでなく、「ライブ・トゥ・テープ」(live to tape)と呼ばれる形式になるとのことだった。それでもこれは限りなくライブ・テレビに近い手段による仕事であり、その形式が演劇と映画ではどれだけ違うのかを知るための、絶好のチャンスではないかと思った。なにしろ演劇と映画は、私が携わったことのあるたった二つの方法なのだ。ポール・シュレイダーの優れた映画『ミシマ：ア・ライフ・イン・フォー・チャプターズ *Mishima : A Life in Four Chapters*』(一九八五)をプロデュースしたとき、その驚くべきイメージを石岡瑛子がデザインしてくれた。今回もまた瑛子とのコラボレーションが、どんなものを創造するかということに興味津々だった。

私に提示された『リップ・ヴァン・ウィンクル *Rip van Winkle*』という脚本は、非常に私の興味を引いた。それと同時に、この古典的な物語をいかにうまく再現できるのか、不安も感じた。私は力の及ぶ限り、この物語に想像力豊かな形式を、劇場の設備の範囲内で与えようと決めた。たとえばハドソン・リバー・バレーの山の要素を表現するのに、私は毛布をかぶらせた俳優たちの一群に寄り固まってもらった。そうすることで山の寒さに震え、暑さに消耗する様を描写できる。同時に、テレビ独自の技術を使うことを理解し、利用することを試みた。

上演はきわめて風変りなものとなった――この舞台を気に入ってくれたかどうかを、実際に聞いて回ったわけではないのだが、私の印象としてはとにかく奇妙な作品だとみなされ、その反応は決して芳しいものではなかった。しかし『リップ・ヴァン・ウィンクル』は、伝統的なライブ・テレビの世界への、数少ない商業的な進出の記録として残った。その後何年も経ってから、『リップ・ヴァン・ウィンクル』での私のライブ・シネマへのささやかな挑戦が、実際のところどれだけ評価され、あるいは否定されたのかについてはA.V.クラブのウェブサイトに掲載された、イグナティ・ヴィシネヴェツキによる文章で偶然に知ることとなった。

『美女と野獣』を再見し、私はついに最後のエピソードのひとつ、フランシス・フォード・コッポラが演出し、タイトルロールにハリー・ディーン・スタントンという完璧なキャスティングで手作りされた、『リップ・ヴァン・ウィンクル』をチェックすることにした。もちろん、私はこの小スクリーンのアートとさえ言える、喜びに満ち、そして奇妙な作品をこれまで見ていなかったことについて、自らをおおいに責め立てている。その原初的なビデオ効果と、初々しさ、石岡瑛子による劇場用プロダクションデザインによって、『リップ・ヴァン・ウィンクル』は、『ドラキュラ *Bram Stoker's Dracula*』（一九九二）に先立つ、いわばクレヨンのスケッチだったと言えるだろう。この二作がどちらもフレッド・フックスによってプロデュースされたことは、決して偶然ではない。彼の手による「フェアリーテール・シアター」が放送されて以来、コッポラのゾエトロープ・スタジオは、彼が率いているのである。

『リップ・ヴァン・ウィンクル』

第9章――ライブ・シネマのリアリズム

映画ビジネスにおいては、そのスタイルにおいていくつかの選択が可能だ――求めようとするリアリズムの限りにおいて。いささか皮肉めいた言い方になるかもしれないが、監督が選択した目新しいスタイルに、プロデューサーと出資者が喜んで賛同してくれることはめったにない。もっともその監督が今〝ホット〟な話題の人であるのなら、彼らもそのやり方をよろこんで採用するわけだが。

リアリズム

リアリズムは常々、舞台から何もかもを吹き飛ばし、切り離すものとして機能してきた。一九世紀の終わり頃までには、アメリカで製作される演劇では、写実に徹して描かれたセットや照明を伴なった上演方法が、優勢を占めるようになった。それはジェームズ・オニールが、彼自身の脚色によるデュマの『モンテ・クリ

ジェームズ・オニールの『モンテ・クリスト伯』ポスター

スト伯』で全米巡業をやった時期にあたる。

ここからの説明は、ユージン・オニールに関する記録をまとめた、ロバート・M・ダウリングによる思慮深い書物を参照している。「一八八五年から八六年のシーズンにおける劇作品の所有権のみをもって、ジェームズ・オニール（ユージンの父親）は、ほぼ三十年にわたり千客万来となる役を演じた」とダウリングは書く。「それは年間四〇〇〇〇ドル近くの利益を彼にもたらしたのだ。無実の罪で投獄された後、脱獄を果たした『モンテ・クリスト伯』の主人公エドモン・ダンテスのように、ジェームズは自らの力で監獄を脱出した――貧困という名の監獄を」。とはいえ六〇〇〇回にも及ぶ上演回数の中で、彼の演技のすべてが賞賛を浴びたわけではない。一八八七年一二月三一日、「サンフランシスコ・ニュース・レター」紙はオニールについて、好意的とは言いにくいレビューを書いている。「彼の手にかかると、ロマンチックな物語も、過度に飾り立てたメロドラマに堕してしまう。彼はビジネス上の才覚で金銭的な利益はおおいにあげているが、アートの質はその収益に反比例している」。ユージン・オニールによると、「私の父はきわめて非凡な役者だった。しかし『モンテ・クリスト伯』の過剰な成功のために、他のことに手を出せずにいたのだ。彼は来る年も来る年も出演を果たし、ワンシーズンに五万ドルもの収益をあげることができた。そのためごく単純に、他のことをやる余裕はないと感じていた。しかし何年も経ってから、苦い悔恨でいっぱいになった。彼は『モンテ・クリスト伯』が、自分の芸術家としての道を阻んだと考えたのだ」。

私はこのことをとても興味深く思う。一九世紀末の劇場が、ちょうど私たちの映画スタジオが陥ったのにも似た、定番ともいえる事態になっていたとは。しかしこのことは、演劇史上においては当然のことなのだ。それこそ古代ギリシャの演劇においてさえも。劇作家となったオニールの息子であり、ノーベル文学賞を受賞した唯一のアメリカ人劇作家が、どうしてあれほど劇場からの自由を欲し、かつてギリシャで使われた仮面や、劇中の独白、コーラス、わきぜりふ、無言劇に、納め口上といった過去のものを、いまいちど取り戻そうとしたのか、その理由を今なら理解できる。アメリカの演劇を再生しようと望んだ劇作家としてのユージンは、だから今なお私を強く啓発してくれる。父親の鬱屈を自らも理解することで、彼は「リアリズム」と「興行力」という板挟みの拘束を脇へと追いやり、自分の人生をアートへと高らしめたのだ。私はこの一節を読むたび、胸の震えを抑えることができない。「オニールが忘れられなかった父の言葉で、もっとも初期のもののひとつは〈演劇は死に瀕している〉だった」。

映画は、一九世紀末の演劇のように、今や完全に定型化されてしまい、何をやろうとしても直ちにジャンルの法則に閉じ込められてしまう。今はNetflixなど、オンラインコンテンツの時代だ。ジャンルの分類はレーティングや、映画へのアクセスのために使われる。ほとんどの場合、作品の選択リストはジャンルによって呈示される。ドラマ、コメディ、ホラー、ロマンス……といった具合だ。さらに細かく分けるにせよ、スクリューボール・コメディ、成人映画、サスペンス、ミステリーなどといったところか。

映画作家が選択し得るスタイルとしては――世紀の変わり目における演劇のように――完全なるリアリズムというものが今も残っている。初期のドイツ映画は表現主義を推進した。フランスとスペインはシュールレアリスムを展開した。そしてある映画は演劇的スタイルか、あるいは古典的スタイルか、どちらとも言われるようになる。『市民ケーン *Citizen Kane*』（一九四一）はまさにその方法論において、演劇的スタイルを有する。プロデューサーのロバート・エヴァンスは、まだ私が彼のもとで働いていた頃、「〝映画的映画〟スタイルを」と、口癖のように言っていたものだ。つまり魅惑的なカメラワークに、スリリングなアクションを、というわけである。『ゴッドファーザー』製作時のこと、私はエヴァンスが、私とは別のアクション監督を連れてこようとしているという噂を耳にした。彼は自分がもっと映画に盛り込みたいと思っているものを、さらに追加しようというのだ。そこで私は、九歳になる息子と週末を過ごすことにした。息子には〝コニー〟（私の妹タリア・シャイアが演じている）の後を追いかけて、ベルトで彼女を叩くのを手伝ってもらった。（夫の）カルロがコニーを折檻するシーンに、新味を付け加えられないかと考えたためだ。そしてそれは、忌まわしきアクション監督とやらが、私のセットに入ってくるのをあらかじめ制することを狙ってのことだった。とはいえ、監督には選択し得るたくさんのスタイルがあることは間違いない。私はライブ・シネマのカテゴリーにおいても同様に、あらゆる選択肢があるのではないかと考えるようになった。

映画、とりわけそのアートのデザインとカメラのスタイルによって、そのリアリズムが反映されるような映画もまた、それぞれ別の種類のカテゴリーに分類することができる。すなわち、手持ちカメラのルック（外見）、古典的なルック、大きく移動するカメラのルック、あるいはそれらすべての複合的なルックなどだ。背景に関しても同様だ。自然主義的、ミニマル的、あるいは表現主義的と、さまざまなスタイルをとり得るだろう。ステディカムの発明以来、今ではワンショット・ルックというものもある。その独創的な発明に先だってフィルムメイカーたちは、カメラを〝ハンドオフ（手持ち）〟で使うことで、ワンショット・ルックを実現した。たとえば偉大なロシア映画『怒りのキューバ *I Am Cuba*』（一九六四）がそれだ。

これらの方法はすべて、今もライブ・シネマに適用している。しかしどのやり方を選んでも、この厄介な形式（ライブ・シネマ）においては、どうすればうまくやり抜けるかという問題に直面せざるを得ない。たとえば、手持ちカメラのスタイルを用いるのであれば、たくさんのモーションコントロール・システムを必要とするし、グリーンスクリーン・クロマキーを使うしかなくなる、といった具合だ。ただでさえ複雑な製作工程に、さらに支出と手間が余儀なくされる。どのように建造され、質感を施され、塗装された背景であっても、古典映画のために機能したものであれば、ライブ・シネマのためにも同じように機能する。演劇的な背景もテレビの生放送のためなら使えるが、ライブ・シネマのためにはいささか問題含みだ。塗装されたいかにも演劇っぽい背景であるために、やや見劣りがする。どんなスタイルでも選ぶことができるのは確かなのだが、実際のライブ・シネマの製作においては、満たさなければいけない多くの要件があり、相応の試練も待ち受けている。これらはすべて十分に解決可能な事柄ばかりだが、ライブ・パフォーマンスで、切れ目なくスタートからカットまでをワンショットとする進行のためには、間違いなく従来の映画よりも高い精度を必要とする。私が体験した中で面白いと思った試みのひとつは、スタンダードサイズのテレビモニターを、話法のための装置として使ったことだった。今やCNNではおなじみだが、フットボールの試合で何が起こっているかを説明するために二台、三台、四台のテレビモニターを使い、それをヘッドフォンをつけたコメンテーターが解説して、というやつだ。UCLAのワークショップでは、そうした複数のテレビモニターを使うという方法は採用しなかった。というのも、私の目的を満たすためには、そうしたテレビのやり方は見え透いていると感じたからだ。テレビのニュースやスポーツ中継のやり方をライブ・シネマに踏襲していると思われないよう、これら手法にもっと別の活用方法を見出すことはできないかと、この経験を通してもう少し検討してみたいと思っている。

ライブ・シネマでは、映画、演劇、そしてテレビよりも、なお一層の正確さが要求されると言えるだろう。従来型の映画製作であれば、すでにOK済みのテイクがいくつかある中で、そのうちのどれかを選択するチャンスが与えられる。演劇では夜ごとのパフォーマンスで、上出来の日もあれば遺憾な日もあるのが常である。そしてテレビでは番組を放送するにあたって、意図したショットをしくじっても、常にその代わりとなる「おさえのショット（カバレッジ）」が用意されているものだ。

自然主義の徹底、それはライブ・シネマがもっとも苦手とするスタイルではないだろうか。なぜならそれはロケーションの多様性に依存するからだ。簡単にはつくることのできない場所、展開させにくい配置、あるいは特殊効果など、実際のところ、それらは舞台として選ばれた場所に実際に行き、そこで一挙にワンショットで撮ってしまうという、旧来の映画のやり方でなければ無理な相談なのだ。そうした場所というのは、往々にしてそれぞれ遠く離れた場所にある。ライブ・シネマの場合、舞台となる場所はそれぞれが互いに近くにある必要があり、演じている時間のうちに何とかしてそれぞれの場所を急いで行き来しなければならない。それはロンドンのほんの数ブロック以内で全体の撮影を行った、『ロスト・イン・ロンドン』で実行されたことでもある。

ゴードン・クレイグ・パネルのさらなる深化

私は今も変わらず、UCLAで用いたゴードン・クレイグ・パネルを取り入れたいと考えている。その「組み立て式」という特質を生かしながら、それでもなお現実主義的な質感を残して舞台装置を作る方法を考えたいのだ。つまり私の舞台設計では、ゴードン・クレイグのアイディアが持つ、柔軟で可動性の高い方法を維持しておきたい。そのやり方だからこそ、俳優たちの入退場や、カメラと照明器具の設置に何かと融通がきくのである。そのうえで、利用する組み立て式のユニットやパネル、あるいは背景の平面を、必要に応じて塗装し、質感も出し（舞台設計上の多くの新しい形式を使いつつ）、型取りをし、真空成型し、あるいはそこに印刷も施して、舞台を組み上げたいのである。

このことは、プロダクション全体の統一性の実現が、従来の舞台制作の方式ではつくづく難しいことを教えてくれる。セットが主にひとつだけで演じられる物語（『十二人の怒れる男』）や、逆にいくつもの入り組んだセットを持つ物語（『黄昏』）は、いずれも従来型の映画と同じやり方で完成させることができる。いくつかの事前撮影したフッテージ（ＥＶＳなどのリプレイサーバに保管しておいたもの）や、事前編集した追加シークエンスを使う必要はあるだろうが。

いずれの場合でも、映画の神髄はやはりモンタージュだ。そしてショットが基本的な単位となる――この前提が、私の未来のプロジェクトでのスタイルにおけるマニフェストを決定するのだ。

モンタージュ

ショットとは原子よりも小さな、素粒子のようなものだ。それはこちらがいかにアグレッシブに、かつどれだけの情熱を込めて取り組むかで、実にいろいろな役割を果たしてくれる。この基本的な単位をどう扱うかという作業に集中することは、それらをひとつにまとめるためのよい後押しとなる。ショットというのは、それを使おうという気持ちを後押しする実質であり、必要素材だ。いまやモンタージュという魔法の世界をくぐりさえすれば、作りたいものがあるのだったら願いはかなうし、アイディアや思いの丈を形にすることもできる。ここまでくればライブ・シネマのパフォーマンスとは、たくさんの明晰で確固たるショットの融合体として見ることが可能だとわかってもらえたと思う。というよりもそれら数々のショットを、モンタージュという映画的言語の一部として使わないのは犯罪的でさえある。ドラマ番組における「おさえのショット（カバレッジ）」であれば、選択肢は限られてしまう。話をしたり聞いたりしている人々を見せ、そのアクションをフォローするために最適なものであれば、その集団の全体を見せる、といった具合だ。選択肢は多くない。なぜならショットというのは、シーン全体の要素としては補助的なものにすぎないからだ——つまり、それ単独で際立つように整えられたショットというのは、本物ではない。そう考えると、ショットとは壁を作るために積み上げた個々のレンガのようなもので、それによって事件（イベント）という論理的なシークエンスを組み上げることが可能になる。順序通りに並べていくことで、個々のどのショットも情報の全体の一部を担ってくれる。初期のサイレント映画で行われていたのはまさしくそうしたことだ。たとえばジェームズ・クルーズの『幌馬車 *The Covered Wagon*』。これはオレゴンとカリフォルニアを目指して西部を進む幌馬車を描いた、一九二三年製作の叙事詩である。物語はひとつのショットの中で語られ、ときおり二重露出も伴うが、すべてのショットはその瞬間において関わっている物語の一部となっている。ショットはその中でアクションを露に見せしめる。ショットの数々は、いままさに起こっていることを我々に伝えてくれる。そして次にいったい何が起こるのかを理解させもする。カッティングのテンポはアクション次第で速くもなろうが、次に続くショットは、概して物語の展開を示そうとする。

セルゲイ・エイゼンシュテインの『十月（世界を揺るがした十日間）*October (Ten Days That Shook the World)*』（一九二七）は、私に人生を変えるほどの印象を残した作品だ。この映画のショットはいずれも、幾通りもの方法で使われ、しかも目的が違う。そしてこの映画が登場した当時の圧倒的な衝撃は、エイゼンシュテインを一九二〇年台における映画界の最前線に押し出すことになった。

『十月』の冒頭、ツァーリ（アレクサンドル三世）の像が細緻を極めて呈示される。私たちはその像を、個別のパーツへとばらばらに分解したショットを見る。それはほとんどキュビズムのアプローチのようでさえある。そのときショットは不意に、〝原因と結果〟を表す様式として機能し始める。像にかけたロープを群集たちが強く引く。すると次に、対比を示すシークエンスの中で、互いに相反するものを描写するショットが使われる。ライフルと対比されて草刈り鎌があらわれる、といった具合だ。ほとんど非論理的とも思える繰り返しのアクションが、そこでは採用される。ショットが積み重ねられ、その数度の繰り返しの中で、ツァーリの椅子はついに崩落する。そこには声を上げる男たちのいくつものクロースアップがあり、群集のショットが戦争勃発のショットに挿入される。

私が伝えたいポイントとしては、ひとたびそのショットを使うことをやめてしまって、それが持っているはずの可能性を捨ててしまい、展開しつつあるアクションを止めてしまうよりは、むしろ何か別のより興味深いことに使えないか、探求してみるといいということだ。『十月』では、モンタージュによって対比を産み出すためにショットを使うという方策がとられた。すなわちクロースショットに対するワイドショット、富者と貧者などというように。今やカバレッジなどでなく、唯一無二のショットを用いることで、多様な方法を使えるようになる。地下鉄の駅で待つ人々のクロースアップ（CU）の繰り返しは、サスペンスを生む。「どうして彼らは待っているのだろう?」と観客に考えさせるからだ。そこで不意に、サーチライトのミディアムショットと、それに続けて「彼だ」という字幕が入る。これがレーニンと赤旗のダイナミックなショットとあいまって、実に効果的なのだ。単なる旗と横断幕のショットが、ここではもはや入魂の芸術的演出術の極みである。「打倒プロレタリアート！」のショットに「臨時政府を倒せ！」のショットを挿入する。心象的ショットから、動的ショットへのブレイクは、大群衆が集合するのに可能な方法を、浸透させる役割を果たしている。富を持つ女性とマシンガンの、高速カッティング。ただひたすらにこの映像のみを通して、激しく鳴り響く銃の音が、あなたの耳にはきっと聞こえてくることだろう。この映画での名高い跳ね橋のシーンでは、時間を拡張するためにモンタージュを使っている。それは単に跳ね橋が上がる様子をカバーしているのではない。そのショットは、馬の死体にあなたの目が釘付けになっている間に、跳ね橋が上がっていっていることを、視覚情報として伝えようとしている。あなたのエモーションは、跳ね橋が上がっていったその果てに、馬の死体がそこからついに落ちてしまう、そんなこの上なく美しい瞬間に、頂点へと達するよう高められていく。

以上要点としては、アクションを不連続で、巧みに構成されたショットへとひとたび落とし込んだら、それらは無数の異なるパターンに、再構成する可能性が生まれるということだ――それはエモーショナルな反応と、それに対するレスポンスを可能にするということであり、もし単にシーンを構成要素に分解して、カバレッジのルールに義務的に従うだけでは、決して得られないものだろう。もし水というものを、酸素と水素の分子に分解すると、どんな人でも水とおそらくは過酸化水素水からそれを再構成できる――しかしもしそれを、陽子と電子、そしてニュートロンにまで分解できたとすれば、そこからはどんなものでも作れるの

『十月』より。モンタージュにおけるショットの役割を考える事は、私たちを自由にする。

だ！

ショットという単位と、モンタージュにおけるその役割を考えることは、私たちを自由にしてくれる。

［アレクサンドル・］ケレンスキー（臨時政府の首班）が待機するシークエンスでは、ナポレオンの像とクリスタルのグラスにデカンタのショットが挿入される。そのときケレンスキーは腕を組んでいる。道化師が口笛でそこに割って入るが、無声映画であるにもかかわらず、その高い音が聞こえてくるかのようだ。そして教会、聖像、神また神。微

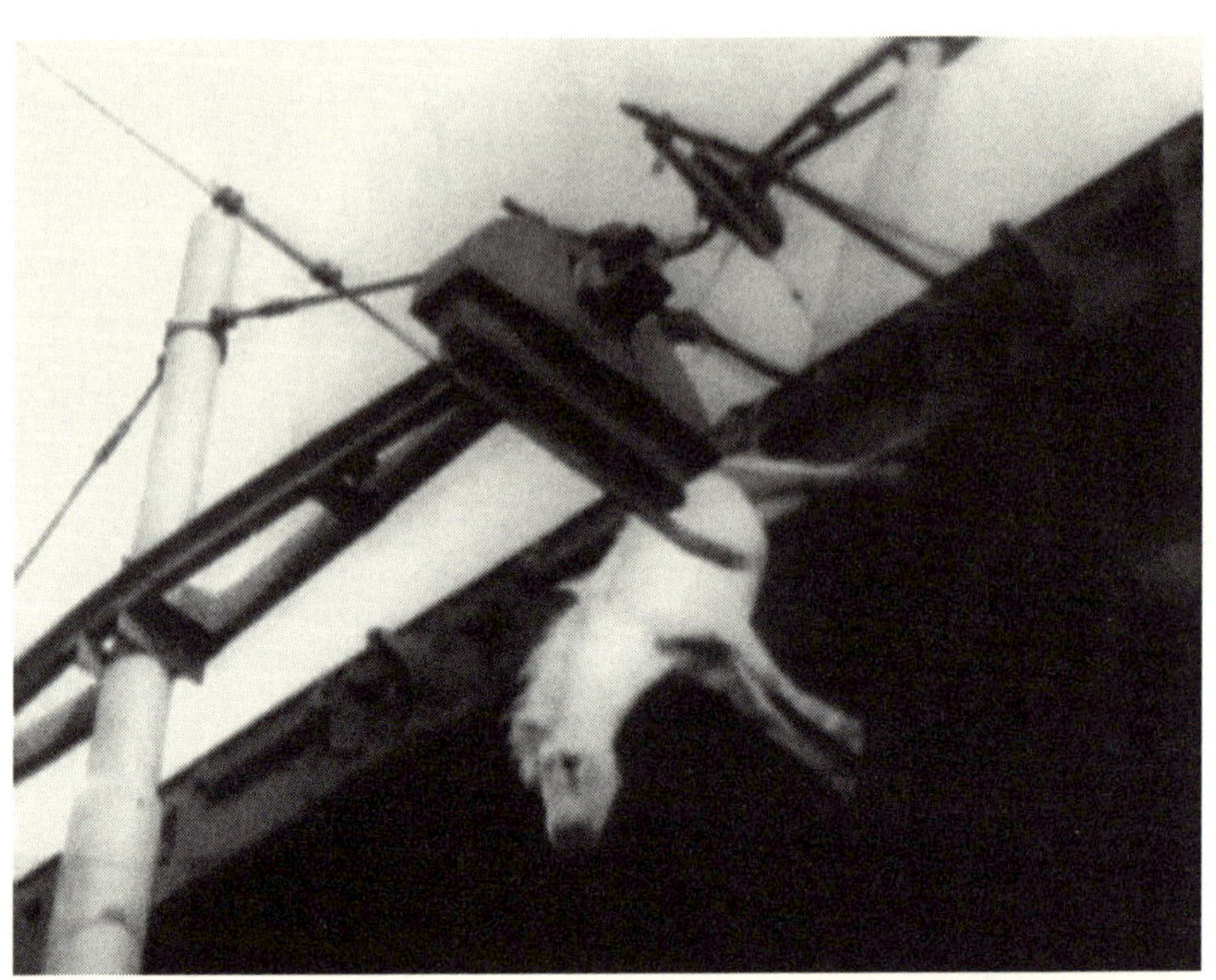

『十月』より。エモーションは頂点に達する。

笑む仏像、古代遺跡、鳥の獲物、怪物、原始、モデル、宝石、ツァーレ像の復興—再建築。エイゼンシュテインは、ケレンスキーに関する自身の意見を伝えるために、映画言語を駆使している。トラクター、戦車のギア、さらに多くの戦車、警笛、煙、機関車、列車、最新めかした武器のショットの数々。銃に旗といった対抗武器には、ケレンスキーの書物を対照させる。映画は新しい言語だ。ここではショットが言葉やセンテンスの役割を果たし、思うままに構成され、繰り返され、そして比較対照されている。

第10章——ライブ・シネマへの試行錯誤

十分にリハーサルを重ね、熱意を持った俳優たちが試行錯誤しつつも劇全体への取り組みを開始し、追ってグループ演技を通しで行い、そしてできるだけ早くショーの全体にとりかかるべき段階にやってきた。プロセスは演劇でやることとほぼ同じである。演劇のステージマネージャーを呼んだのもそれが理由だ。ライブが始まるまでの数分を管理し、上演のカウントダウンや照明のキュー、俳優の入場を仕切る信号灯の扱いから、音楽のキューまで、ショーを成り立たせている要素のすべては、ステージマネージャーの声に負っている。

しかしながら、ライブ・シネマにおいてはカメラが必要だ。となると彼らの位置取りや、重要事項をすべてインカムを通じて連絡し、場面進行のためにカメラをスタンバイさせるなどのキューを出すのは、ステージマネージャーでなく、常にアソシエイト・ディレクターの役割となる。たくさんの数のカメラを使うときは（UCLAでは四〇台使った）、それだけ複雑さも増す。アソシエイト・ディレクターは、彼、または彼女のカメラに紐づけたカードを準備することで、それぞれのカメラオペレーターを補佐する。そのカードには、それぞれのカメラが担当するショットのリストが記されている。そのやり方によってオペレーターたちは、次のポジションがどこなのかをすぐに把握でき、各自が担当するカメラに与えられたシーンを終えるごとに、次へと移動する。

スポーツ中継や各種授賞式といった、生放送のテレビ番組では、複数のカメラが使われるが、各テレビカメラにはタリーランプという名称で知られる装置がつけられている。私は費用面やそのサイズ、ズームレンズに頼った仕組みと、30p（アメリカのテレビ番組における標準的なフレームレート）という仕様上の理由から、プロ仕様のテレビカメラは使ったことがない。しかしタリーランプはUCLAでの活動で、おおいに役立ってくれた。タリーランプは端的に言うと、現在どのカメラの映像がオンエア中なのかを示してくれるものだ（カメラに取り付けられた赤と緑の表示灯で、赤が点灯していたら、そのカメラの映像が放送中であることを示す）。もし自分のタリーランプがオンの状態なら、俳優やクルーと同様に、そのカメラがオンエア中であることがわかるので、そのときはオペレーターはカメラを動かしたり再調整すべきでなく、俳優たちは表示灯が消えるまで演技を続ける必要がある。私は将来、おおいにタリーライトの恩恵を受けるのではないかと期待している。

最初の立ち稽古とそれに続く通し稽古では、俳優たちがシーンからシーンへとタイミングを合わせて動けることはほとんどないし、あえて言えばそれは不可能なことだ。その点についていえば、ライブテレビの黄金時代からずっとそこにはたくさんのトリックがあって、それらはみなうまく見せかけるための技術としてあった。たとえば、ひとつのシーンの間で俳優がもうひとりの女優に向かって話しかけるところでカットを割るとき、(『プレイハウス90』などで行ったように)しばしばそのショットは俳優がその相手に話をしている場面まで引き延ばされる。その間に、話しかけられていた相手はすでにその場を離れ、大わらわでローブやジャケットを身に着けたり脱いだりしているわけだが、その間も実はシーンは続いていて、実際にそこにはその女優はいないのにあたかも話しかけられているかのように見せている、というわけだ。結果として、彼女は次のシーンの冒頭のためにあらかじめそこで準備をしているのだが、さらにその場に新たな登場人物を出して、その人物に一人語りをさせることで始めるようにすれば、さらに時間を稼ぐことができる。

シーンからシーンへのスムーズな移行のための、その他のテクニックを以下に記そう。

- 次に続くシーンの最初の数ショットは、EVSリプレイサーバを使うこともできるだろう。そうすれば、シーンからシーンへの移行のために、もっと時間をかけることができる。
- 次のシーン全体を、そっくりEVSサーバに事前録画することができれば、ライブからEVSへと一気に飛び越すことで、衣装替えなど、手間のかかる準備を伴う、難しいシークエンスも実現することができる。
- シーンの移行が間に合わなければ、新しいシーンは代用のキャストメンバーで始めることもできるだろう。同じ衣装を身につけていればいいのだ。

スポーツ中継で特に役立つ即時性の高いEVSリプレイサーバは、ライブ・シネマにこそおおいに貢献してくれるはずだと私は確信している。だから私はそれがどれだけ有効かを知るために、いくつかの困難なシチュエーションを想定してテストをした。ひとつは、たくさんのエキストラを必要とする状況だ。しかも赤ん坊や子ども、動物を含むシーンの場合である。多額の費用と手際のいい指揮能力を必要とするが、それは私たちがUCLAで探求したテーマのひとつでもあった。時代もののシーンでは、たくさんの衣装をつけたエキストラが必要になり、衣装やヘアスタイル、そしてメイク係のチームも不可欠となる。動物もとなると調教師まで必要だし、子どもを使う場合には州法の領域も関わってきて、彼らの健やかな成長のために、労働時間、安全性、そして教育面を管理する代表者が必要になる。赤ちゃんの場合なら、一日に二〇分しか働かせることはできないし（もし双子の赤ちゃんをキャスティングできれば、一日に四〇分働いてもらうこともできるわけだが）、午前と午後の決められた時間にしか彼らは稼働できない。私は子どもや乳幼児、犬に猫、そしてヤギ（この物語におけるヤギは、ブロンクスに住む叔父からの贈り物であり、洗礼式のために二人の兄弟が地下鉄に乗せて運んできたものだ）をも含む、多くのエキストラを使う時代劇のシーンをいかに統御できるか、それについて試したい思いでいっぱいである。私の自分自身に対する疑問はこうだ――それらすべての要素をたった一日で手がけることができるのか？　ヘアメイク、フェイスメイク、そして衣装チームがいて、同様に子どもたちの管理者と、その巨大なグループのために食事も用意しなければならない――たった一日で、である。しかしたとえEVSを用いたとして、立ち稽古、技術部のリハーサル、衣装合わせなど、そうしたすべてのことを、連日のように繰り返す必要は本当にないと言っていいのか？　フットボール中継用のEVSが、本当にすべてを可能にしてくれるのか？

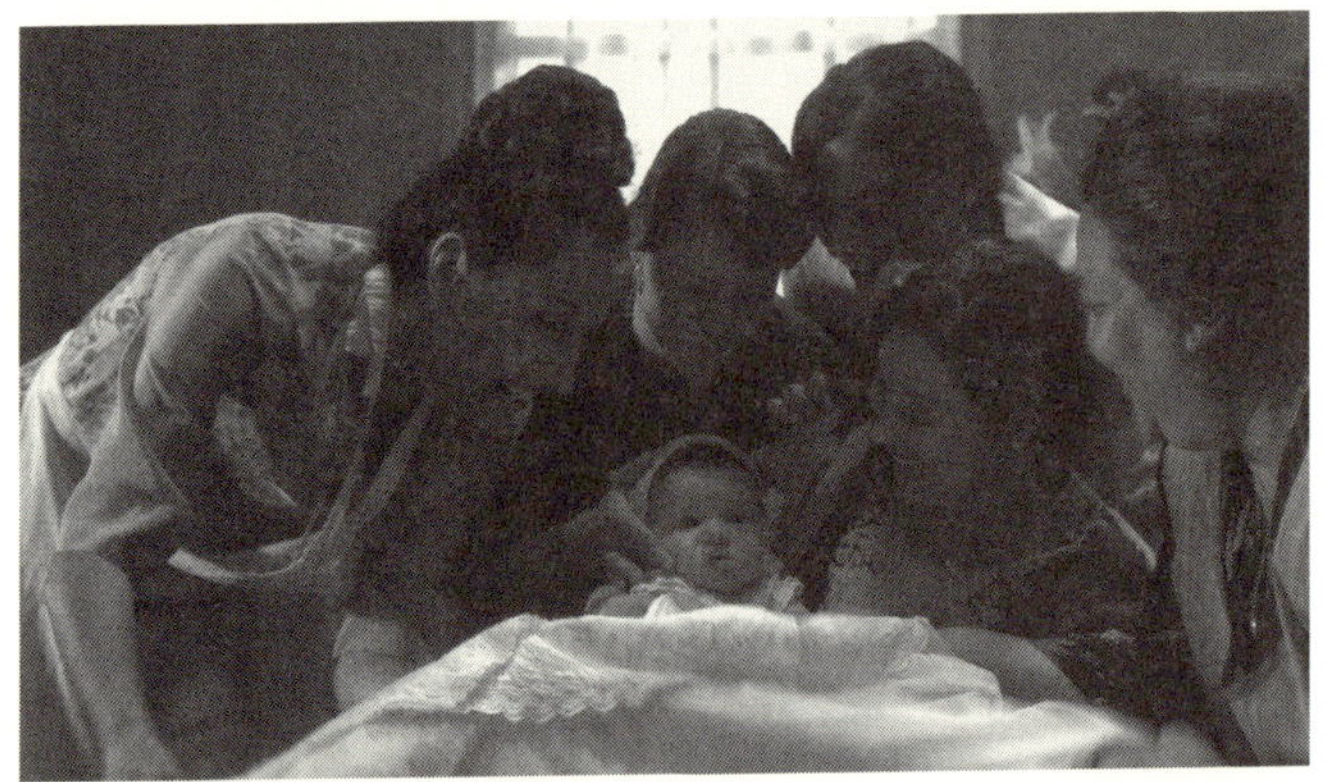

『ディスタント・ヴィジョン』のショットの数々。

私の学びでは、これはイエスである。ライブシーンは、リプレイサーバによって思い通りにインターカットすることができる。最初のうちこそ、私のアソシエイト・ディレクターとテクニカル・ディレクターにとって、その操作は難しく不慣れな様子だったが、ほどなく彼らはそれを苦もなく扱えるようになった。私の目の前にあるマルチビュー・スクリーンには、ライブカメラによる多くのショットを一度に見ることができ、さらにその下にはリプレイ可能なショットの数々が一望できるようになっている。先述したように、カメラのショットには（CAM1、CAM2、CAM3といった具合に）それぞれ数字が振られている。そして、ＥＶＳのリプレイショットには(A)lpha（アルファ）、(B)eker（ベイカー）、(C)harlie（チャーリー）などと表示がされている。これでライブシーンがどのように進行しようとも、ＥＶＳに記録されたショットを挿入することが可能だ。ＥＶＳには、エキストラ全員と、動物たち、そして子どもたちを集めた日に撮り貯めた映像が収められている。実際にその大所帯のグループで撮ったワンシーンがあり、それは全員が部屋の中を歩き回り、食事をし、子どもたちやヤギと一緒に遊んだりもしている場面で、一種の即興演技ともいえるものだ。そこから切り出して一部だけを使うことも可能だし、あるいは今まさに進行中のシーンに対し、あたかも集団の中でそれが偶然に起こっていることのような印象を与えることだってできる。

　こうした手法がもたらしてくれる結果について、私はまだ値踏みしているところだ。しかしリプレイサーバとライブカメラの映像、それぞれのインターカッティングは、とてもうまくいっていると言っていいだろう。このやり方なら、毎日の立ち稽古に、技術リハーサル、衣装合わせといったことのためだけに、それだけ多くの人やものを集める手間も費用もかける必要はないのだ。しかも最後のパフォーマンスのために集合

最終パフォーマンスでスタントライブをやってのける。

をかける必要さえない。

私たちがＵＣＬＡでやったあるスタントでは、少年が落下するラジオアンテナに引っ張られて、屋根から落ちるというシーンがあった。その物語は、初期のテレビの方式を使用可能にするべく、新装置を導入したハム無線技士の二人の兄弟を描いたものだった。しばらくはうまく作動していたものの、屋根に設置したアンテナのワイアーがゆるみ、兄の方がそれを修繕しようと屋根にのぼる。結果は悲劇に終わる。建物を縫って張られたもの干しロープの間を落ちて、彼は死んでしまうのだ。そのくだりをあらかじめＥＶＳチャンネルに記録することもできるわけだが、しかし最終パフォーマンスでスタントライブをやってのけることこそ、人を興奮させるはずだとキャストもクルーも思っていたはずなのだ。もちろん私自身もそう思い、だからこそそうしたのだった。赤ん坊とヤギのみならず、こうしたライブスタントもやってみることで、どんなことができて、どんなことはできないのかを見極めること、それがこのワークショップで私が追及したことだったのだ。

第11章——残された課題

私が、オクラホマシティ・コミュニティ・カレッジ（ＯＣＣＣ）とＵＣＬＡで指揮した、二度の実験ワークショップは、私の脚本（スクリプト）の、それぞれ異なるサンプルに基づいており、学びたいと考えた目標もそれぞれまったく違っている。

オクラホマシティでは、映画的スタイルの照明を学びたいと思っていた。照明を床一面に置くことはできるか？　このやり方で、新しいＬＥＤバッテリー駆動のライトは使えるのか？　などといったことだ。そしてまた、ざっと五〇ページほどもあるスクリプトの全パフォーマンスを最後まで完了できるのか、そして映画（Film）製作の中でショットをひとつにまとめるためには何が必要なのか、といったことも。ＵＣＬＡでは、組み立て式ユニットでのセット（先述したゴードン・クレイグ・パネル）がいかに機能するかを学びたかった。そしてスポーツ中継用のＥＶＳリプレイ・サーバを適用するために必要なものは何かということや、ＤＹＶＩスイッチャーのような完全なプログラムが可能なミキシングボードは、たくさんのフォーマットによる曲芸的なまでに困難な操作を、どの程度まで整理し、容易にしてくれるのかについても。なにしろライブ・カメラ、ＥＶＳサーバ、すでに撮影済みのシークエンス、グリーンスクリーンなどが入り混じっているのだ。たくさんの衣装をつけたエキストラや、動物たち、子どもたち、それにそれらの要素を集めた、インターカットのためのライブシーンを、一日で撮影することなどできるのだろうか？　外国語（それもナポリ訛り）のセリフを演技中にライブの字幕を入れつつしゃべらせることなど可能なのか。しかもライブのスタントまで導入することなどできるのか。これら二回のワークショップの結果として、私はこの本で議論しようとした結論を得ることができた。

以上の疑問ほぼすべてに対する、私の答えは「イエス」だ。

ＯＣＣのワークショップで私が遭遇した最大の問題は、床のケーブルをどうするかということだった。絡まりあった膨大な数のカメラケーブルを、それぞれ選り分けるということ。カメラ位置をめぐる困難さは、実物通りのセットを用いないことによってずいぶん単純化された。ＵＣＬＡのワークショップで経験した最大の問題は、カメラの位置取りだった。往々にして、最適なショットというのは不可能なものであって、そうするとサイド・アングルと真横からのショットのためにカメラを設置する必要がある。真のリバース・ショットというのは、ほぼ不可能なものなのだ。これら諸問題は、リバース・アングルを事前に撮影し、ライブ・カメラのショットとそれらをひと続きにつなげることで解決される。何よりも私が学んだのは、ＥＶＳサーバのショットとライブ・カメラのショットをインターカットすることは、さして厄介なことではないとわかったことだ。そしてライブスタントもまた、同じことを劇場でやるのに比べれば、ずっと楽であることも知った。

私は新しいクルーによる、ある重要な仕事が必要なことを発見した。それは映画スタイルのスクリプト管理担当者だ。その任を受けた者は、あらかじめ録画されたショット、あるいは撮影に先立つ技術／衣装リハーサルで撮影したショットを迅速に探し当てるための、EVS〝IPディレクター〟というプログラムの操作を担う。それに加えて、サウンド・レコーディング、効果音づくり、音響効果、生演奏、そしてサウンドミキシングといった非常に重要な領域は、本質的に従来型の映画の方法と同様に扱うべきだという点にも気がついた。音響をライブ・パフォーマンスの間じゅう同期させなければいけないか、一緒に鳴らさなければいけないかといった、明確な使い分けともあわせて。

多くの俳優への振り付けとカメラの位置取りは、刻々と変わり続ける。マーキング――物語に沿って必要ないくつかのポイントで、立ち位置などをあらかじめ正確に決めておくべき必要がある場合、そこをマークしたもの――は、ありとあらゆる色の印でずらりと記され、舞台の床は導線を示すための矢印でいっぱいになる。これらは、もっとも低い位置に置いたカメラを別として、すべてのカメラアングルに間違いなく映りこんでしまう。だから、私はほとんどを祝賀会の場が舞台としてある物語を書いたのだ。そうすれば、それらマーキングがちょうど紙吹雪をばらまいたかのように見える。あたかも床を装飾したものであるかのように見せかけることで、見る者の注意がそれに向かないようにしたのだ。

紙吹雪に見せるという解決法は、この実験ワークショップでは（たぶん）うまくいったのではないかと思う。しかしこれはライブ・シネマの製作において、今後もずっと通用するような解決策ではたぶんない。こ

紙吹雪で導線を示す床のマーキングは見えなくなる。

れ以外にもいくつかのアイディアを考えているのだが、たとえばブラックライト（紫外線ライト）を当てれば蛍光色で浮かび上がるような、見えない塗料でマークするのも一案だ。カメラ・クルーたちが簡単に携帯できるような小型のブラックライトを私も持っているのだが、しかしそれではいつもマーキングに気をつけているべき俳優たちの助けにはならないだろう。最後にきて、私はその問題には目をつむることにした――床にまいた紙吹雪が、それらマーキングを隠してしまうことを願いつつ。

このタイミングでなお私は、マーキングの問題をどう解決するかについて、まだ確信を持てずにいた。位置取りのためのマーキングをうまく隠すもっといい方法が、きっと何かしらあるのだろう――磁石や布の端切れ、あるいはもっと他の何かを使うなどして。ライブ・シネマをひとまず実際に試みることで、自分でも自信を持てるようになり、床を飾りたてるほどに色分けされた、何千もの定点と導線のマークを見分ける解決策も、きっと見つけることができるだろう。

私は今ここまでやってきた中で、未解決の問題が他にも何かあったのではないかと考えているのだが、どうやら何も思い当たらない――こうした製作を手がけるためにやりくりしなければいけない事柄の、目も眩むような膨大さを除いては。放送五日前のあるとき、私の最も有能な人材であるテクニカル・ディレクター（TD）、テリ・ロジックが言うには、私たちの番組がほんの三〇分程度の長さであるにもかかわらず、これらタスクをすべて回すためには、二人のTDと二人のアソシエイト・ディレクター（AD）が必要だということだった。テリに言わせると、「こうしたプロジェクトでは、TDが二人で役割を分担して働くのがいいと思う。まず片方がリーダー、つまり第一TDとして、すべての映像パートを見つけ出し、それをどうひとつにまとめるかの役割を担う。そしてスイッチャーの主任オペレーターとして、ライブ・スイッチングを担当してもらえばいい。もう一人は第二TDとして、主にマルチビューワにおける膨大な量のプログラミング・サポートをしてもらう」と。シーン（ステージ）ごとにマルチビューワにプログラム入力することができるのはEVSスイッチャーの実に便利な性能なのだが、それには何とも時間のかかる退屈なプロセスがあり、かつそれにかかりっきりで集中する必要がある。

それゆえ、ショーの間を通じて第二TDは番組の進行に沿って、その後に続くシーン（ステージ）の準備が整うのをサポートしながら、適切なタイミングでマルチビューワの画をレイアウト通りに送り出すという段取りに、責任を負わなければならない。もしUCLAの時に第二TDがいたら、私はきっと録画映像を再生するキュー出しを任せただろう。「マルチビューワを任され、膨大なEVSのクリップ映像を送り出すキューを出し、意図通り指示されたことも、指示されていないこともする。その上でショーにも集中するとなると、もういっぱいいっぱいです。もしもう一度同じ役目を任されることがあるなら、そのときは私が全て管理しなければならなかった録画済みの映像については手放したい」と、テリが私に言ったように。

私が今も考えているのはこういうことなのだ——そこでのパフォーマンスを二つの蛙飛び的なビデオユニットに分割し、TDとADはそれぞれ約二〇分程度を交互に受け持つ。一方のユニットに続いて、もう一方のユニットに切り替えることができれば、最初のユニットの間に、その次の場面のための再プログラミングと準備が、可能になるのではないか。

このやり方は、かつて映画がどのように上映されていたかを、改めて私に連想させる。ひとつの映写機で二〇分上映したら、もう一台の映写機に変えて続く二〇分を上映する。その間に最初の映写機はその次のリールの上映準備を整える、といった具合だ。私が疑っているのは、補完用のビデオユニットは究極的に必要なのか？　ということだ。デジタル管理の特質と、大量にバックアップした撮影素材や、音響を扱うプログラムのポテンシャルのことはもちろん念頭にある。だからそれらは必要だとしても、もっとも最先端で、洗練もされているはずのエレクトロニック・シネマにおいて、古典映画の上映で行われていた映写機の切り替えなどという、古臭いやり方の模倣が有効だということはどこか皮肉な話だ。大切なことはいつまでも変わらないのだ。

第12章――ライブ・シネマにおけるハプニング

　これでライブ・シネマについて自分の心の中にあることは、二回の実験ワークショップから学んだことも含めて、洗いざらいすっかり述べきったつもりだ。こうしたことを懇々と考え続けた結果、私は自分に改めて問わねばならない。私は、それでもまだライブ・シネマを作りたいのか？　やることはたくさんある。心配事も数えきれないほどある。そして従来型の映画を作るよりもいい成果を得られるかどうかも未知数だ。自らの監督下において通常の映画を作る場合には、その作品の完成度はあくまでも自分の想像力と、自由になる予算、そして製作資源にかかっている。この新しい形式の根っこには、少なくとも「本物のパフォーマンス」があると言えるがゆえに、先の自問にはこのように答えることになるだろう。「それがどうした？」と。

　どうしてライブ・シネマがもっとよいものになるなどと思えるのか。それに答えるのはやはり難しい。スクリーン上のライブ・パフォーマンスと、その録画版を見るときでは、その二つの間に違いなどない。録画版については不慮のトラブルやミスの部分を修正しようとするものだが、そのような欠陥部分も、ものによっては事前の本稽古で撮ったものと差し替えれば足りる、ささいな作業だ。だから二つの違いといえば、録画され編集された映像は完全なものにできるが、ライブの映像はどこか不備な点もあり得るという点だけだ。そして私の考えでは、それは決して悪いことではない。ライブ・シネマの不備というのは、悪魔の魂がそこから出ていくと言い伝わるナヴァホ族の敷布や、ペルシャ絨毯が完全なる存在アラーに背かぬようにと、わざと傷をつけてあることと同じなのだ。

先述したように、その解決策のひとつとして、ライブ・シネマを手がける監督がライブ・パフォーマンスにあえて障害を加えることで、意図的に不具合や欠損を洗練した形で残すというものがある。それはスパイク・ジョーンズが、二〇一五年のYouTubeミュージック・アワードでやろうとしたことでもある。あのライブショーでは、私の甥にあたるジェイソン・シュワルツマンが、その不運なホストのひとりだった。ことのはじめとして、ホストには番組の大体の段取りが示された何枚かの情報カードがあるものの、ショーのスクリプトや実際の進行表のようなものはなかった。ここからしてすでに、次にどのカードが選ばれるかは誰にもわからず、ショーの進行がどうなるかもわからないというトラブルの種が転がっている。そのとき不意に、何の前ぶれもなくひとりの母親が、彼女の幼い赤ん坊をジェイソンの腕の中に放り込んだ（これもトラブルだ）。こうなると彼は、この小さなお客様を腕に抱えたままショーを進行しなければならない。泣いたりむずがったりするかもしれないし、おとなしくしていてくれる保証はない。ショーの間ずっと、手を変え品を変え、いろんなトラブルが準備された。たとえばある場面では、ある俳優がセットの高いところまで登らなければいけないことになったが、置かれていたはずのハシゴがいつの間にか取り払われている、といった次第だ。チョコレートケーキの層の中に、ある重要な手がかりが隠されているものの、ケーキナイフがこれもまたなくなっていて、二人のホストは手がかり入手のために素手でケーキを壊す羽目になるといった場面もあった。これらは対処されるべき未計画の課題として唐突にあてがわれるもので、うまくいくかどうかもわからぬまま、その事態をなんとかやり抜こうと出演者たちがあわてるところを見ることができる。つまり監督から出演者への、あらかじめ仕込んだ贈り物とでもいえるトラブル。そのアイディアはすばらしい効果を生んだ。そしてグレタ・ガーウィグによる華麗なダンス・シークエンスもあったことで、この番組は確かにある意味で格別な、とても楽しいライブ・ブロードキャスト放送となったのだった。

おそらく、それがライブ・シネマを演出する秘密なのだ。従来の映画ができないことを見つけ出すこと。たとえば計画的にトラブルをあらかじめ伝えることなく放り込めば、そこにはちょっとしたパニックや混乱、もしかしたら大失敗を起こすことができる。俳優がハシゴもなくセットの高いところに登らされたり、様々な混乱やトラブルにあわてふためきながら対処する姿を、絶え間なく視聴してもらえるのだ。言い換えるならこれは不意をうたれてうろたえる人々をとらえた、老アレン・ファント(一九一四－一九九九)によるテレビショー、『どっきりカメラ *Candid Camera*』(訳注:一九六〇－六七、CBSにて放送)のアプローチに近いものになるだろう。

私が考えなければいけないのは、この次に来るべきものなのだ。

第13章——そして、映画の未来

今や世界中を席捲するエンタテインメントであるテレビは、毎年のシンポジウムや見本市でも熱心なバイヤーをひきつけてやまない。ナショナル・アソシエーション・オブ・ブロードキャスターズ（National Association of Broadcasters）が毎年主催する見本市、NAB Showでは、何百何千もの放送団体に、数多くの新技術の試用や導入が提案されている。それらは各国の主要都市に集中する、世界中のテレビプロダクションの中心に屹立し、過去十五年から二十年前には、想像もつかないようなレベルの映像とサウンドを管理し、扱うだけの技術力を有しながら、安定的にコストも下げ続けている。NAB Showのスローガンは「コンテンツが生活に息づくところ」。まさにその通りだ。

最高度の技術とリサーチの伝統を誇る企業のひとつCBSは、テクニカル・ディレクターであるジョセフ・フラハティ名誉教授の偉大な業績のおかげで、ニュース収集のために従来の16ミリフィルムカメラに代えて、ビデオカメラを採用した最初の会社になった。CBSは数十年にわたり、ソニーと日本の公共放送会社ＮＨＫとの全面協業で、リサーチと開発の指導的立場にあった。ＣＢＳテレビシティのシニア・バイスプレジデント兼ジェネラルマネージャーのバリー・ジーゲルが私に語ったところによれば、ロサンゼルスに新たな４Ｋカメラの巨大スタジオを設置しつつあるところで、スポーツ・イベントの実況に力を発揮するよう、数台の４Ｋカメラで撮られた映像から、望みのショットを選り抜いてひとつにつなげる技術に、腰を据えて取り組んでいるところだという。ＣＢＳテレヴィジョン・シティのオープンは一九五二年一一月一六日。この場所こそが、我らがテレビの歴史のほとんどを作り出したところと言っていい。私の大好きな『プレイハウス90』、『ザ・コメディアン』もここで製作された。今日彼らは、モーション・コントロールを使ってデジタルで組み上げた舞台装置を供給する設備に時間と資金を投入している。そしてその機能はライブ製作でも使用可能だ。そうした技術が新たな可能性をもたらすことで、実質的にテレビ製作においてはもう手つかずの領域はない。

ほぼ一〇〇年の歴史がある映画用カメラと同じ呼び名のアリフレックス社（通称アリ）では、今では年間数千台のデジタルカメラを作っている。しかし、名高いアリフレックス・フィルム・カメラの必要な部品はまだ生産中だが、とはいえそれも注文による受注生産のみでの話だ。アリのデジタルカメラは映画産業の主軸となった（皮肉なことに、フィルムはもうほとんど使わない）。たとえばRED社やBlackmagic社のような新しいカメラ会社は、テレビと映画の両方のために、洗練されたデジタルカメラを提案している。一方Canonは、多くの映画作家が映画を記録するために、スチールカメラを使っていることをふまえ、その目的にかなったカメラを作っている。そしてSony Professional社は世界で最も高品質のデジタル映画カメラを何種も作っている。

今もなおフィルムで映画を撮ることを望む、影響力ある映画作家は今や、スティーブン・スピルバーグ（彼は撮影だけでなく編集もフィルムだ）、クエンティン・タランティーノ、ウェス・アンダーソン、クリストファー・ノーラン、そして私の娘ソフィアなどごく少数だ。映画とは、フィルムと、ラボラトリーでの現像と、焼き付けを必要とする、光化学現象だ。一方、デジタル・ビデオは画像情報を電気信号で記録するものだ。しかし、そのどちらもレンズを使うことに変わりはない。そこに記録されたイメージにおける真実の美というものは、どちらにせよ、まやかしなのである。

写真技術は今やその頂点にある

一九七七年、ポラロイド社を創設したエドウィン・ランド博士（正式に学位は取得していないが、その関係者はみな彼を〝博士〟と呼んだ）は、映画撮影用インスタントカメラである〝ポラヴィジョン（Polavision）〟を発表した。しかしこれは財政的には失敗し、一九八二年にポラロイド社はランドの会長職辞職を受け入れた。その頃、私はヨハン・フォン・ゲーテの十九世紀の色彩論に関する書物の稀覯本を入手しようと決め、そしてランド博士のオフィスに連絡をとり、マサチューセッツ州ケンブリッジのポラロイド本社を訪問し、ランド博士にこのプレゼントを手渡すことはできないかと願い出た。もちろん色彩に関するゲーテの理論は反証され、アイザック・ニュートンによる（非常に初期の）色彩についての研究が、それに取って代わったことは承知していた。にもかかわらず、ゲーテの理論はランド博士の初期の研究である二色撮影に着想を与えた。

ポラヴィジョンとは、専用のカートリッジ・フィルムを装着できる小型カメラだ。別途用意された専用のモニターにカートリッジを挿入して再生すると、フィルムは瞬間的に現像され、カラー映像を見ることができる。それは8ミリ映画用カメラのフィルムロールに似ているが、専用モニターでのみ2分半の無声映像が見られるものだ。私の息子、ジオ［ジャン＝カルロ・コッポラ］はこのポラヴィジョンが大好きだった。彼はあれこれ試してみながら——このカラー映画を簡単に撮ることができる独自の装置で——遊んでいたものだ。しかし私はソニーによる新たな機種にこそ注目していた。エレクトロニック・ハンディカム・カメラだ。ケーブルでつないだ小型のモバイルレコーダーで、一時間半の音声つきビデオムービーを撮ることができる。私にとってそれはしかし災いの前兆だった、なぜならその機材は、ポラヴィジョンにとっての死刑宣告になるだろうからだ。そして事態はその通りになった。それでも私はランド博士を深く崇拝しており、ぜひ彼に会いたかった。そして彼が自ら興した会社を去る際には、ゲーテの稀覯本を献呈して、その偉大な業績に敬意を表したかったのだ。

この目的を達するべく、私はボストンに向かう機上の人となった。そしてランド博士が私を出迎えてくれたことがとてもうれしかった。ほぼ終日を彼と共に過ごすことができた。とても親切な人で、私が持参した本の包みを開いたときは、心から喜んでくれた——それに当然のことながら、彼は色彩に関するゲーテの研究を熟知しており、それが彼の研究にとってもおおいに有益だったということを改めて知ることができた。そして彼の研究施設と個人の研究室を、一日中見学させてもらった。まだたくさんの研究が進行中の現場を案内してもらって、改めて感じた敬意の念と、そして彼の歩んできた歴史の重みを忘れることはできない。

こうして見て回りながら、私たちは彼が会長職の辞任を決めるに至った最大の要因はなんだったかについて語り合った。いちばんの理由は、市場で支持を得られなかったポラヴィジョンの失敗だ。私たちが行く先々、どこに行ってもポラロイドSK70で撮られた大量の写真の束、そしてまた束があった。美しいスミス・カレッジの少女たちがみんな、カラーバランスとフレッシュトーンのテストのためにポーズをとっている。彼が暗闇の中の離れた目標にレーザーをあてると、明るいフラッシュがそれに呼応した。他にも彼の会社が驚異の解像度で複写した絵画の名作の、おびただしいプリントの数々も見せてもらえた。

彼が語ってくれたところによると、ポラロイド社はもともと3D映画用のポラロイドメガネで、大きな収益を得ようと計画していたという。しかし3D映画の流行は、ある特定の作品、たとえば『ブワナの悪魔 *Bwana Devil*』（一九五二）や『蝋人形の館 *House of Wax*』（一九五三）のヒットの後に始まったが、一過性の流行に終わり、3Dメガネの販売という彼らが狙った鉱脈も、ついに商品化されずに終わってしまった。さらに重ねて教えてくれたことだが、彼はセルロイド素材のフィルムの両面に塗った乳液によって異なる方向に偏光させることを利用した、新しい3D方式を発明してさえもいたのだ。その方式を用いれば、通常の35ミリ映写機を一台用意するだけで済み（従来の方式は二台の映写機を必要とし、それぞれのカメラが映写する二つの図像を交互に見せることで3D効果を得るというものだった）、彼らが開発したポラロイドメガネで映写されたフィルムを見れば、3Dで見えるということだった。話によればディズニーがこの方式によるアニメ作品上映のテストをやったこともあるという（後に私はこのことについてディズニー側と話をする機会があったが、そうした記録は残っていないとのことだった。にもかかわらず、私は実際にその方式で作られたサンプル映像を持っている。あるインディペンデントの専門家から、それを借り受けることができたのだ。実際に35ミリフィルム一巻分を、私の所有する映写機にかけて試してみたところ、それはすばらしく見事なものだった)。

この聡明にしてすばらしき人物との、最高に楽しかった一日の行程を通じて、私はとうとう自分が思い描いていることは、一種のタブーであることがわかった。まもなく市場に登場しつつある新たなビデオカメラは、疑いなくポラヴィジョンが消滅する理由のひとつになるだろう。彼はため息をつき、悲しそうにこうつぶやいた。「ああ。しかしそれでも、写真技術はいま開発の絶頂期にあるのさ」。

今なら確かにその言葉を理解できる。撮影用フィルムの美しさと光沢は、まさに偉大な業績というほかない。フィルムは過去の偉大な映画作品と密接にリンクしている。たとえば黒澤明、サタジット・レイ、小津安二郎、ムルナウ、[フェデリコ・]フェリーニ、[ウィリアム・]ワイラー、そして[イングマール・]ベルイマン――そしてそれら作家の作品にはそれぞれ独自のルックがある。技術的に不完全な点もあるかもしれないが、しかしそれは愛すべき欠陥だ。しかしデジタル映像が今日において成し遂げたことも、ちょうどフィルムが長い時間をかけてそうしてきたように、さらに改善を続けていくだろうことについて、私は微塵も疑いを持っていない。二〇世紀の終わりには、映画はすべて電子化され、コンピュータで編集されるようになり、デジタルカメラで撮影され、上映は鮮明かつ明るいデジタル映写機で行われるようになると信じられていた。フィルムで撮影し、編集を続けたいと願う映画作家は決していなくはならないだろうが、そんな人物はどんどん少なくなってほとんど絶滅危惧種となり、次のような言葉が聞こえるまでになっているのだ――「フィルムを買う奴なんてどこにいるんだい?」(フィルムはしかし、アーカイブまたは他の目的で作り続けられることになるだろう)。

ステディカムとライブテレビ

一九七五年に導入されたステディカムは、ドリー(台車)やトラッキング、その他の手数を使わずとも、スムーズでなめらかでブレのないショットが撮れるよう開発された手持ち型のカメラである。バランスがとれるようカメラを胴回りで支えたオペレーターが歩けば、浮遊感のある効果を得ることができる。『グリース・ライブ!』や『ロスト・イン・ロンドン』といったライブテレビで使われるとき、ステディカムは廊下を移動しながら、部屋の出入りはもとより、タクシーや車の乗降、ダンサーや俳優たちが任意にどっと散らばっていくのを屋外屋内を問わずに追っていける。基本的にひと続きのなめらかなショットを実現できるからだ。また、オペレーターの創意次第ではパンやティルトといったたくさんの視覚効果を得ることもできるし、ドリーを使うことなく、まるでドリー撮影のようなドラマチックな長い移動撮影を実現できる。ステディカムは、本来ならたくさんのカメラと編集技術を必要とするはずのショットを、このようなやり方で撮ることができるのだ。これはマルチカメラによるシークエンスでの複雑な場面を除き、ライブでの映像制作では実に便利な機材なのである。

ステディカムは、二〇〇〇年に上演されたアンドレア・アンダーマン製作のヴェルディ『椿姫』でも活発に活用された。パリで実際のロケーションを行ったライブテレビ・パフォーマンスが行われ、そこではヴィットリオ・ストラーロがこの上なく美しい撮影を行っていた。ステディカムは、その発明者であるギャレット・ブラウン自らにより、これ以上望むべくもないほど見事な操作が為された。ギャレットはステディカムの発明直後、ごく最初期にステディカムを使った作品である『ワン・フロム・ザ・ハート』の主要なカメラオペレーターでもあった。彼は大柄で屈強な人物で、ぱっと見ただけでもすぐにわかる、すばらしいステディカム・オペレーターだ。彼とヴィットリオの『椿姫』での仕事は目覚ましいものだった。鏡張りの部屋にもかかわらず、カメラの映り込みなどまったくない移動撮影を実現し、ヴェルディの古典的オペラのキャラクターたちが限りなく美しく描出されていた。

劇場と家庭――映画を見せる手段

もしあなたが35ミリフィルムの映写機を備えた専門の映画館になじみがなくとも、たとえば『ニュー・シネマ・パラダイス *Cinema Paradiso*』（一九八八）といった映画の中で、アーク灯の強い光で照らされた大きなフィルムリールが、大きな機械でカタカタと音を立ててばらけながら動いているのを見たことがあるのではないだろうか。地方の映画館の映写機は、もはや九巻も一〇巻もあるフィルムリールを運搬し、荷解きし、映写機でリールからリールへとかけ替える必要などなくなった。映画上映も今や（新しい映写機にかけたコストが償却するまで）ハードドライブに供給され続けるか、衛星回線によって送信されるようになった（映画館主も映画会社も、劇場用の新しいデジタル上映機設置の費用を負担しようとはしない。そこで機材を投入した第三の投資者が、減価償却するまでの間、チケット代の何パーセントかを受け取り続けることになる）。フィルム一巻分の長さである二〇分ごとに交互に映写機を使うかたちの上映は、今後も残り続けるのだろうか？　映画館主たちは、新作映画の公開から四〜六週間のあいだ家庭での視聴は制限し、劇場だけで上映させてくれるようになどと、本気で主張できるだろうか。

私は常々、観客というのは求めるものが何であれ、きっとそれを手に入れるものだと感じてきた。自分がそうであるのと同じように、人々はみな映画館で映画を見るのが大好きだと知っている。けれども彼らには、テレビやコンピュータ、タブレット、あるいはスマートフォンなど、どこであっても希望する場所や方法でエンタテインメントを見る権利がある、ということもまた事実なのだ。ある日の晩は映画館で映画を見るかもしれないし、同じ映画を今度は子どもたちと一緒に家庭で見るかもしれない。観客がどれを選ぶかなんて誰がわかるのか？　それはすべて観客次第だし、今後もそうであるだろう。

そうはいっても私にとっては、映画を作るために必要なすべての——レンズだけはその例外として免れているが——機材において、デジタル化を受け入れることもまた困難だ。すべては変わり得るが、映画はいまだ映画そのものであり続けている。

古典的な映画の偉大さとは

映画が変わらずにあってほしいという思いは受け入れてもらえるだろう。映画はざっと一二〇歳。これまで製作された最も偉大な作品といわれても、一本とか一〇本とかの騒ぎではない。それにもかかわらず、いろんな人やいろんな団体組織が、五〇本あるいは一〇〇本と、そのような作品リストを作ろうとしている。サイレント映画の時代だけでもすでに三〇本以上の偉大なマスターピースがあり、それらは今も愛されている。突然の音声の登場は傑作の誕生にいくらかの停滞をもたらし、しばらくの間、映画は演劇の記録のようなものに退行したこともあったが、ほどなく映画の革新は再開した。

映画のマスターピースたるや何百本とあるはずだ。黒澤明ひとりとっても、完璧の上にも完璧な大傑作を、どんなに少なく見積もっても九本は撮っている。フェリーニも十二本、その他の作家を挙げても切りがない。彼らの映画はおおむね九〇分から三時間くらいの長さであり、モノクロフィルムで撮られた作品ばかりではないが、その語りの構造は常に改善が続けられ、俳優たちの美しい演技がそれを支えている。長い年月の後、カラーフィルムがモノクロに取って代わったが、現在の私たちはテーマとスタイル次第でカラーとモノクロのどちらでも選択できる。黒澤明は、フェリーニとベルイマンもそうであったように、モノクロで数多くの傑作を撮っている。［ミケランジェロ・］アントニオーニは美しい作品の数々をモノクロで作ったが、その後『赤い砂漠 *Red Desert*』（一九六四）のような傑作をカラーで撮っている。ベルイマンは『ファニーとアレクサンデル *Funny and Alexander*』（一九八二）を撮り、その色彩は実にオリジナルにして至高だった。私たちの映画遺産を守ろうという英雄的な仕事は、マーティン・スコセッシが担っている。彼はフィルム・ファウンデーションを創設し、数多くの古典作品の保存とレストアに努めている。

私はしばしば、こうした偉大な創作者たちの誕生の不思議を思う。なぜ、どうやって、彼らは登場したのだろう。私のたったひとつの結論は、しかしとてもロマンチックなものだ。映画を作ろうという衝動は、十九世紀にも無意識下ではあれ存在し、形成されつつあった——単にそれを実現するテクノロジーがなかっただけなのだ。一七四九年に誕生し、一八三二年に逝去したゲーテは、彼の時代の詩人であり、小説家であり、科学者であり、劇作家であり、さらに劇場運営もやっていた。しかし機会にさえ恵まれたら、彼は必ずや映画作りに飛びついただろうと私は確信している。ゲーテだけでなく、彼の同時代の劇作家フリードリッヒ・シラーもだ。リヒャルト・ワーグナーなら、彼の「楽劇」という概念を実現するには、映画こそが自然な表現だと悟ることだろう。劇作家アウグスト・ストリンドベリもきっと同様だ。ワーグナーと並ぶ偉大なイタリアの作曲家ヴェルディは、シラーに多くを負っている。その戯曲は少なくとも四つのヴェルディのオペラの基になっている（訳注：ヴェルディの歌劇『ジョヴァンナ・ダルコ』『群盗』『ルイザ・ミラー』『ドン・カルロ』を指す）。だからこそ、映画の技術が登場する頃には、すばらしい映画を生み出す創造力が奔出したのであり、それは世界の偉大な文学に比肩するものとなった。

とはいえ、この映画的才能の奔流においては、いささかの課題も生じている。それらの映画は非常に感動的で、あまりにすばらしく、独創的で、そして私たちを圧倒する。となると、私自身の同世代の仲間たちを含む、後続の映画作家たちはみんな、それら偉大な先駆作品に少しでも近づけるような映画を撮ろうという以前に、それ以上のものなど作れっこないという心境に固着されてしまうのだ。ある者は『8½ *8 1/2*』（一九六三）みたいな映画を作るのを夢見るだろうし、私自身は『欲望 *Blow-Up*』（一九六七）や、かなわぬまでも『我等の生涯の最良の年 *The Best Years of Our Lives*』（一九四六）や『陽の当たる場所 *A Place in the Sun*』（一九五一）や、『雨に

唄えば *Singin' in the Rain*』（一九五二）などのような作品を作るのを夢見ている。

これらの古典的作品への偽りなき愛情は、私たちが映画を作るうえでの障壁となるのだろうか。時に私たちは、それらを超えることなど考えようともしない。ということは、古典作品を製作する方法はすっかり変わってしまったのだろうか。それはちょうどこんなふうに考えたらどうだろう。技術を手に入れたことによって私たちは飛行機を作った。それにも関わらず、私たちは自動車を運転してハイウェイを走り抜けることをやめられずにいる。なぜなら私たちの時代の車はすばらしく、好きにならずにいられないものだからだ。

新しい装置

折に触れて私は思うことがある。もしまったく新しい概念の楽器、たとえば人の息やリード、金管を必要とせず、弦を弾いたりすることも、皮を叩くこともないような楽器が発明されたとしたら、何が起こるだろうか。おそらくは完璧に新しい、鍵盤もテルミンの電子音も使わない、まるで天から降りてきたとしか言いようのない音が出る、誰も演奏のしかたがわからない楽器。そんなものを演奏してみようという、酔狂な者など果たして現れるのか。もし登場したにせよ、結果として生まれた音楽について、伝統的なオーケストラから奏でられる音楽と変わるところはないと、その大胆不敵な演奏者は言い張るだろうか。それとも、新しい楽器は新しい音楽を生むのだろうか。すでに従来の音楽にこれほどの巨大な遺産があるというのに、どうすればそこに新たな音楽を見出せるのか。そして全員が全員、そのようなものを作りたいなどと考えるのだろうか。

おわりに

本書において、私は自分が構想した概念を実証するために行った二つの実験ワークショップを、いかに率いたかを説明してきた。ひとつはオクラホマシティ・コミュニティ・カレッジ（OCCC）、もうひとつはUCLAで行ったものだ。各ワークショップでの活動は、執筆段階にある私の脚本から、それぞれ違う部分の抜粋をベースにした。というのも、二つのワークショップでは、それぞれ別々の課題を実証したいと考えていたからだ。しかし、自分の書いた脚本のこととライブ・シネマをやることが、私個人にとってこれほど重要な意味を持っていることの理由については、現時点でまだ十分に語り尽くせていない。

私は芸術作品というものに、それがいつの時代のものであれ、どんな内容であれ、常に変わらぬ愛情を抱いてきた。私にとってそれは、芸術の聖杯と呼ぶべきものだ。しかしたぶん私は、それらのほんの一端に触れたにすぎないのだろう。『地獄の黙示録』の製作では、ベトナム戦争を構成する多くの同じ種類の要素をそこに反映した。若さ、武装解除、ロックンロール、ドラッグ、思うに任せぬ予算、そしてむき出しの恐怖。

『地獄の黙示録』はまさにそのようなもの、それ自体についての映画だった。今、私は三島由紀夫の並はずれた人生について、思いを巡らせている。三島は日本の偉大な小説家であり、その作品の全体において、彼の人生の本質と伝記的な事実の両方が相克している。そしてその人生の幕切れは、まさしく彼が執筆した作品の中に生じたものとの連関にある。私設軍隊と共に右翼的な行動を実行に移し、〝切腹〟と呼ばれる儀式によって、自分の人生の幕を引いたのだ。三島の生と死は、まさに彼の芸術と同価であり、彼の才気みなぎる小説と同じ意味を持っている。

数年前、私はわが人生の絶頂期（仮にそのようなものがあるとしてだが）にあり、かねてから意欲を燃やしていたプロジェクトを、今こそ始動すべき年齢に達したと感じた。ありとあらゆる可能性を考え尽くしたうえで、ある考えに行き当たった。なるほど、確かにフェリーニは『8 ½』において、彼にしかできないやりかたで、彼自身の人生を作品に反映してみせた。しかしそれよりも先に、『甘い生活 *La Dolce Vita*』（一九六〇）が一九五〇年代という時代の様相を、すべて明るみに晒してみせたのではなかったか。その凄さたるや、もしも火星人が地球にやってきて「人類の五〇年代について教えてほしい」と問われたとしたら、「『甘い生活』を見ればいい」と答えれば間違いないほどだ。この映画にはすべてがある。「セレブ」の登場がキリストの威光を陰らせ、パパラッチが登場する。社会が変わりつつあるこの時代においては、人の営みなど空虚で何ものをも意味しない。そうしたことに焦点が当てられている。

そのことに関連して、もし私が自分自身の世代で、たったひとつだけにテーマを絞り込むとすれば、それはいったいなんだろうと考えるようになった。それは第二次大戦後の時代だ。関心を寄せるべきあまりにもたくさんの出来事が、私たちの世界をひっくり返してしまったかのようなそんな時代。つまり冷戦というやつだ。公民権獲得のための運動が再興し、人類が月に行った時代だ。さらに私たちの世代は、あの無意味なベトナムでの戦争と、衆人が見守っているまさにその目の前で人望あふれる若き大統領が射殺された事件によって定義づけられる。私たちはそうしたことを何もかも経験したのだ。そう、それもすべてテレビを通して。私たちの時代とは、要するにテレビの時代なのだ。当初は白黒で放映開始したが、いつしかカラーになった。テレビは私たち自身を映し出すことで、私たちが何者であるかさえも定義づけるようになったのだ。

そこで私は、自らの絶頂期での作品への取り組みでは、すべて自分の家族を思わせるものを見つめることにしようと思うようになった。おそらくそれは数世代にわたるものになるだろう。若き日のトーマス・マンがその壮大な傑作、『ブッデンブローク家の人びと』に記したように。その中では私自身の物語が語られ、そしてテレビの物語もあわせて描かれることになる。なぜならコッポラ家の三代記においては、テレビの全歴史――その誕生と、発展、そして崩壊の始まり（あるいは情報時代への移行）――を語り尽くすことが可能だからだ。だからこそと私は確信するが、この物語、すなわち私と、私の家族、そしてテレビについての物語は、テレビや映画、演劇の後継とも言うべき新しい芸術形態、つまりはライブ・シネマで語らなければならない。まさに『ブッデンブローク家の人びと』が、ブッデンブローク家（実際のマンの一族）の数世代にわたる物語、ドイツに地殻変動を起こした時期の、すなわち新たなドイツ国家がバルト海の貿易を牛耳っていた商人ギルドの都市同盟（ハンザ同盟）に取ってかわった時期の物語であったように、三世代以上にわたる私の一族のサーガにも、テレビの登場がもたらした巨大な変化を反映するものとなるだろう。

それをゴールと見定め、そしてマンのビルドゥングスロマン（教養小説）をインスピレーションの源に、私はコッポラ家をもじった名を持つ「コラード家」の三世代にわたる歴史に関する、大きな映画作品のための骨組みとなる構想を開始した。その物語は、テレビが初めて登場した時から始まるだろう。そしてテレビの発達こそが、時代を牽引する主要な力になる。そして私にとって、そのことを表現するのにそれ以外の方法はない。すなわち、「起きたことをありのままに」語るために、テレビの新しい形式で作られなければならない。そしてその形式こそがまさに、私がここまで述べてきたライブ・シネマなのだ。

その実践を進める中で、きっとお気づきになられたように、すでに沈滞してしまったとその目に映っていたはずの、アメリカ演劇の開花を見たいと願う若きユージン・オニールの野心に、私は深い感銘を受けた。一九二〇年代にして彼は、失われたと目されていた伝統を手中にするため、たくさんの領域に手を伸ばすとともに、彼自身の個人的な人生とその家族の人生を、演劇のサイクルに用いたのだった。そしてそうした作業の中で、彼は彼自身のすべて――すなわち海、運命、神、殺人、自死、近親相姦、狂気をさらしたのだった。もし私が自分の家族のような家族を見つめるために時間を費やすことになれば、私もたったひとつの映画作品だけでは、その物語を語りきることなどできないだろうし、私がそこで伝えたいと思うことをすべて包含するには、何作をも必要となるだろう。

私の脚本はいまやとても長くなっており、完成にはほど遠い状態だ。タイトルは『ダーク・エレクトリック・ヴィジョン *Dark Electric Vision*』という。現在、それは二つの映画作品で成り立っている。第一作目のタイトルは『ディスタント・ヴィジョン』、そして二作目は『エレクティブ・アフィニティーズ *Elective Affinities*』という。私の夢を語るならば、この作品をCBSテレヴィジョン・シティのような設備で作れればと考えている。この二作をライブで発表したその後に、世界中の映画館へと送り出し、そして同様にこの作品を家庭での視聴もできるようにすることが、私の意図だ。あの偉大なノエル・カワードは、そのキャリアの終わりに六公演だけ、自身の演劇を自ら演じたのだという。この前例に倣って、私もこの自分のプロダクションを六回のライブ公演——どの公演も放送日は別の日時にして、世界中のそれぞれ異なる時間帯で見られるようにしたい——において、劇場、または家庭の観客のために準備したいと思っている。その六公演を終えた後、このある種の人生のサイクルは、録画されたアーカイブとしてのみ視聴することができる。私がここに書き記したことはみな、まず間違いなく変わっていくだろう。どんなことであろうと起こり得るし、それがどんなものかは私にはわからない。目下のところはここまで見てきた通り、私が二度にわたるワークショップを通して学んできたこと——充実し野心に満ちたプロダクションの、カメラアングルや位置取りのマークから、非常に論理的かつ財政的な挑戦に至るまで——を、書き記しておくことだけで精いっぱいだ。

実際のところはしかし、大事な質問がまだ回答されぬままだ。私の他に誰かライブ・シネマを作りたいと思う者はいるのだろうか。さて、この疑問にはどう答えたらよいだろう。映画とテレビと演劇とをつなぐ、新しい形式の作品を作ること。それはなんと胸躍る、刺激的なことだろう。ライブ・シネマは疑問の余地なく、明白に、論理的必然として登場した。ライブ・シネマは演劇と映画とテレビという、これら三つの親からの子孫なのだ。であるならば、その答えはもちろん、「イエス」というより他にあるだろうか。

UCLAでのワークショップ集合写真。

付録

OCC（オクラホマシティ・コミュニティ・カレッジ）ライブ・シネマ・プロダクション日誌　二〇一五年五月／六月

訳注：このコッポラによるこのプロダクション日誌は、原書巻末に〝付録〟として収録されている。著作物として公に読まれることは想定していなかったと思われ、非常にプライベートな書き方になっており、それゆえ本人にしか理解不能と思われる表現や、固有名詞などが略語で表記されている箇所など、原文だけでは意味を掴みかねる部分が頻出している。また、『ディスタント・ヴィジョン』と題されたシナリオに関わる記述も数多いが、映像を含めた全容が開示されていないがゆえにファクトの確認が不可能なため、文脈を把握できずにスムーズな訳出に至らなかった箇所も含まれる。しかしそれだけに本文は「日誌」という形式に刻まれたコッポラの生々しい息づかいを新鮮に感じ取れるものであるのではないかと考え、その雰囲気をできるだけ保った訳文にしていることをあらかじめお断りしておく。

オクラホマでは、ずっと日誌を残してきた。一年後のロサンゼルスのUCLAでは書かなかった。なぜ書かなかったのかはよくわからない。おそらくL.A.は、自分にとってあまりになじみ深い土地で、関わる友人や親族も多くいるからだろう。オクラホマ滞在中、毎朝考え事をする中で記したこの活動の様子は、きっと志ある読者の関心をひくはずだ。

二〇一五年五月二日

ここオクラホマシティの新しいアパートメント——とても広々として、よい台所があり、閑静な建物の中にあって、歩いて行ける範囲内に多くの娯楽施設もある。上階にはジムとプールもある。少しずつ古い調度品を処分して、自分のものを運び込まねばならない。身の回りを整理しつつ、この場所に身を落ち着けなければ。ひそかに腰を据え、生活の習慣を整え、落ち着いてから『ディスタント・ヴィジョン』の短縮版（訳注：以下『DV』は短縮版『ディスタント・ヴィジョン』のことを指す）をどのように改稿するか考え始めたい。そこから何かを得られるような十分にして最高度のポテンシャルを有したものにする必要がある。私には現場があり、車があり、スタジオがあり、撮影トレイラーのシルバーフィッシュ（訳

注：P.97等参照）があり、そしてスタッフたちもみな集まってきている。とはいえ、目下のところは、日課の体操のメニューを固めねば。寝室でエクササイズ。上階にジムもあるので、せっかくだからそこの利用も検討しよう。

ファルコン7X機がここの格納庫にあり、ダラスではパイロットがここからすぐ近くで訓練中だ。まもなくアナヒッド、マサ、ジェニー、ロビー（訳注：これらの名前は巻末のクレジット一覧参照）が到着する。グレイはすでに到着済みだ。少しずつ目標に向けて歩いていこう。まずは周囲を見まわし、クローゼットの空きを確認し、貴重品を入れておく金庫を確保することにする。問題はなさそうだ。一ヶ月もたてば、ライブ・シネマの課題について今よりずっと見えていることだろう。

『ワイン・スペクテイター *Wine Spectator*』誌の最新号が出ていた。イングルヌック（訳注：コッポラと夫人のエレノアが経営する、カリフォルニア州のワイナリー）の評判が高からんことを！

二〇一五年五月三日

日曜日。衣装デザイナーのロイド・クラックネルと会う。実にいい男で、ジェニーが私に言ったことも道理だ。いわく、この種の人物は感謝の念を強く持ち、そして〝家族〟を大切にするタイプだと。彼は自分の姪御たちのことをよく話し、彼女たちを旅行に連れ出してはケンブリッジの家に迎えて、家族と引き合わせるのだという。そうしたことは、あまり多くの人の興味をひく話題ではない。というのも、同性愛者である彼らは、その家族――両親や実の兄弟たちとの係累を得にくいと思われがちなのだが、しかしだからこそ彼らは「結婚」という伝統的な言葉の下での結束を望んでいる。自分の家族との絆を維持するためのより強い何かを求めており、つながりのある家族の一員として受け入れられることを望んでいるのだ。

　だがそうしたことは別として、彼は私がここで取り組みつつある『DV』のスタッフとして、最高の適任者だし、我がチームに彼を迎えられることは実にありがたい。またそれ以上にOCCCの人材を見渡してみたところ、この『DV』のプロジェクトに迎えられそうな人物は、他にもたくさんいることを確信した。

　すべて順調だ。『DV』のリライトを進めなければ。そしてもっと健康的に（運動も大事）、おおいに働き（『DV』の執筆）、そして愉快にあらねば（うまいパスタ）。

二〇一五年五月五日

『DV』のことで気もそぞろだ。もっ

と簡潔かつ、ワークショップでの実践により役立つようなものでなければ。結婚生活のトラブルについてはうまく語れる予感がある。この作品の中のトニーという人物のことなら、さらにメインとなる狙いがあって、ライブ放送の半ばでは行き当たりばったりに、あたかも偶然のように様々なことが起こる。あらかじめ計画してあるものでも、ショーの一部としてでもない。シルバーフィッシュの中に彼の妻が入ってきて、放送を中断させてしまうのだ。そして彼らはそのシーンを、他にいろいろなことがあるのに、どこか〝保護されるべき〟権利についてのシーンのようにしてしまうのだ。やってみよう。

　ところで『アベンジャーズ』を見たが、まったく気に入らなかった。世の中の嗜好と私の好みは、どんどん合わなくなっている。しかしそういうものなんだと思う以外、できることはなにもない（訳注：時期的に見て、第一作『アベンジャーズ *Marvel's The Avengers*』ではなく二〇一五年五月一日に全米公開されたシリーズ第二作『アベンジャーズ／エイジ・オブ・ウルトロン *Avengers: Age of Ultron*』（二〇一五）を指すと思われる）。

　逆に『ドン・キホーテ』の物語がますます楽しく感じる。『ドン・キホーテ』のいわゆる「ナイト・エラント（遍歴の騎士）」としての冒険は、いつだって彼がひどい目にあって終わるわけだが、そこにサンチョ・パンサのこのうえなくバカバカしい「ことわざ」が口にされる。読んでいて最高だ。

　さて、今日という日をフル活用しなければと、頭はもういっぱいだ。

二〇一五年五月六日

今の私には『DV』に時間と力を一〇〇%捧げ尽くすこと以外、なにひとつ興味がない。実際の作業についても、あらかじめ想定しておかなければならない。想像以上に厄介なものになりそうだからだ。現段階での規模でさえ、ちょっと実現できるかどうかはギリギリだ。そのほとんどはケーブルの管理と、別々のレイヤーで同時進行する作業をいかに維持するかにかかっている。それぞれのレイヤーには個別に意味があるので、すべてを同時に始めなければいけないし、それぞれに必要なスペースを確保するためには、秩序も維持しなくてはならない。そのことをステージマネージャーによくよく飲み込んでおいてもらわねば。そうしたわけで、ランチミーティングの場を持った。何よりもまず、どのように仕事をすれば良いのかについて気持ちよく理解してもらいたい。テクニカル・ディレクター（TD）のテリには、これら作業の一端を担う要となることを期待している。

二〇一五年五月一〇日

オクラホマでの生活は順調だ。ブリックタウンのアパートは快適で、白い小型車も手に入れたし、大学への道順も覚えた。マサとロビーもまもなくここにやって来る。ほどなくシルバーフィッシュもステージに設置されるはずだ。

そこでまたしても最大の難事は脚本だ。

アドバイザーとして協力を頼んだグレッグ教授が、いくつか指摘してくれたことがある。

1．このバージョンは本当にアーチーの物語になっているだろうか。シーン7を一考するべきだ。十七歳のアーチーに、キアラが恋に落ちたことを伝えるとき、それは彼女からのものなのか、あるいは君の際立った演出力があるとはいえ、どうして彼女が彼を好きになったのかについて、そのことを観客は察せられるようになっているだろうか。そうであれば私たちの気持ちを、もっとアーチーに近づけてくれるはずだ。ちゃんと彼女の目を通して彼を見て、彼を感じているだろうか（アーチーは少女時代のキアラとダンスをしているのか？　キアラはアーチーの写真を壁にかけているのか？　たとえばそういった形で）

2．シーン10：おそらくこれは君と俳優たちの間だけに関わることだと思うが、あまりうまくいってないように感じるし、飛躍が過ぎるように思った。私ができることといえば、自分の家族の変遷を引くことだけだが——私の父はイタリアで育ち、もし第二次世界大戦さえなければ、ワイン醸造者になるはずだったところ海軍に入隊し、退役後にはＦＢＩに入ったのだった。

（コッポラ記：これがコラード家やその諍いなどにおける、キアラの導入に結びついている。「彼女が処女であることを証明しろ」——などというのは、いくらなんでも逸脱しすぎだろう）

私の家族はこのような状況を経て発展してきたのか？　うけあってもいいがその通りだ。しかし、この状況設定で求められているのは、この家族の愛すべき新しいメンバー（キアラ）に、何か良い面を与えてやることだ。私の父母は困難になる一方の状況の変化に抵抗したわけだが、このシーンで描いていたようなことが、一家にとってベストの展開だったろうか。新たに登場するこの少女が彼ら家族の一員であることを、彼らはどうすれば思い出すのか。そう。彼らはそのことについてもめてきたのだ。なぜなら、これが彼らにとって明らかにしたい最後の事柄だから――彼らが彼女（キアラ）を迎え入れた、まさにその夜の出来事だったからだ。

　おそらくこのことはヴィンツェンツォという人物について考える助けにもなるだろう。彼に対する私たちの感情についても同様だ。しかしながらこれはあくまで私の家族についての話であって、君の家族の話ではない。どんなものであれ、君が真実であると感じるものを信頼すべきではないか（?）。

3．シーン14：ナディア・ブーランジェ（原注：ナディア・ブーランジェは著名なフランス人音楽家、教育者。ガーシュウィンは彼女の門下であり、私の父も彼女に学ぶことが夢だった）を、もっと名前以上の存在にできないだろうか？　それは演出を通してのことになる？　あるいは他に何か工夫はある？　ここで作曲家になりたいというアーチーの夢を、私たちはどうやって感じ取る？　彼のフルートへの耽溺は十分に感じられるから、それに拮抗するくらいの。すなわち"ナディア・ブーランジェ"という名前は、アーチー（カーマイン）にとってどれだけの重みがあるのか。我々子どもたちがいるために、夢の実現が妨げられていることについて。

4．シーン31、ページ20：ここでアーチーがなぜひざまずいているのかについてイメージするのは、難しくないだろうか。なぜここに現実味があるかを観客に実感させる前に、私たちは彼の心情に共感できているだろうか？　私はフィロメナにそのことをアーチーにたずねるようにさせたが、それ以上ほかに何ができたか？

　このことは、彼が自分の夢の実現を祈るためにひざまずくという、このすばらしい瞬間を描出する助けにもなった。それに応える神の御業のみが、再びトニーに同じ道を歩ませるのだとしても。

5．シーン43、28ページ：アーチーが自らを自虐的に、「自分のような作曲家はクズだ」と罵るとき、彼のような音楽家が自分のことをそんなふうに思うに至る前には、普通はどう感じるのだろうか。それに先立って、何かしら思うところがあるのではないか。アーチーの葛藤の焦点は、フルート奏者としての自分と作曲家としての自分との相克だ。それはいい。しかしよい作曲家とはどのような存在なのか？　彼に才能があることは、誰の目にも明らかだ。しかし、それをどう見せる？

　彼のフルート演奏を聴かせるということ。彼の音楽を知るよい手だろう。

いい着眼点だ——というのも、多くの点で彼の悩みとは、フルートの才能に恵まれているにもかかわらず、彼の情熱が音符を音にして演奏することでなく、創作というフロンティアにこそ向けられているからだ。彼は探索者としてそのフロンティアに身を置こうとしているのだろうか。彼自身から生まれ出る音符を発見するために。答えはイエスだ。アーチーはどうしてフルーティストよりも、作曲家を目指したがっているのか。富？　名声？　というのも彼の永遠の夢は、ガーシュウィンのような作曲家になることだからだ。

6．シーン55、33ページ：たぶん大げさすぎる。とはいえ、昨夜の学位授与式で私は、私たちの音楽教授が彼の合唱隊を指揮するのを見た。そこには彼の熱を込めた身体、すなわち腕と目によってその音楽と合唱に注ぎ込んだ、圧倒的なエネルギーがあった。

代案を出そう。キキおじさんに同じことを言わせるのだ。トニーはアーチーの指揮っぷりを見るべきだ！

光と感情の最後のきらめきを取り戻す方法はあるだろうか。今にも死んでしまいかねないアーチーだが、彼が音楽について、そして彼の指揮の下でオーケストラがひとつにまとまっていくことについて想像することで、自らの中から最後にもう一度湧き上がるエネルギーを感じ取るような——その音楽は彼が作った曲であればいい——それが彼の夢の実現だ。おそらく彼の指揮でオーケストラが奏でるその音楽とは、敗北の唄だ。

そして、彼が自作曲を指揮するのなら、その音楽が最上のものでもあることが、一発でわかるようなものでなければならない。

グレッグの指摘のよいところは、場面のありかたについて為されているのではなく、あくまでも脚本の中にすでに書き込まれているシーンから出発して、よりよい部分を引き出せないかと考えられている点だ。それなら私は納得して対応できる。熟考あるのみだ。

二〇一五年五月一三日

水曜日。アシスタントのレイチェルにタグをわたして、クリーニングに出したズボンを取ってくるよう頼まなくちゃいけない。なるべく早くオクラホマシティの『DV』最初の脚本読み合わせに向かうのだ。とてもわくわくしている。役者たちと長い脚本を一緒に読む初の仕事だ。読み合わせは二度。最初は中断をはさみつつ、ディスカッションをしながら。二度目は途中で止めずに、一気に最後まで通しで読む。

いろんなものを詰め込みすぎてしま

ったようにも思う。エリーとジアは準備完了、議事録を取ってくれる。私はリラックスしなければ。自分の仕事をし、OCCで自分の方法論を確立するのだ。

神は慈悲深く、お恵みくださり、創造主たる、その御心に従わんことを。主が日の糧を恵んでくださることを忘れることなかれ。

メモ：トラブル要因
—場面転換が一度で終わらない
—私自身が画面切り替えを誤ってしまう
—ヴィジュアル・テスト（VT）素材とそのパッケージの不具合
—音声障害・俳優の声が聞こえない
—俳優にキューが聞こえない（特にシルバーフィッシュ内のトニーと舞台上のダリルに）

二〇一五年五月一五日

初日の読み合わせはうまくいった。今日はシアターゲームとインプロビゼーションだ。グループ・インプロビゼーションはおおむね「ランチ」の時間に、設置済みのいくつかのセットでやってもらう。全員が冷製肉や各種食事を準備して、それぞれの舞台を（歓迎の意もこめて）行き来し、食べながら演じあう。すべて良好。テキストも上々。豊かさとユーモアと感性がある。最後の組に至っては、ほとんどいつまでででも続けていられそうだった。とても興味深い。

二〇一五年五月一六日

二日目もまた興味深い日となった。シアターゲームを何度もこなし、インプロビゼーションを一度行う。アーチーと少女時代のキアラとの最初の出会い。次いでステージ上で、大人数でのインプロビゼーション。俳優たちは舞台設置の手助けをしつつ、私は各人にそれぞれ異なる目標設定を行った。空腹になる頃には全員で実際に食事の用意をし、それを食べながら演技を続けた。長かったが、いくつかすばらしい瞬間もあった。フィロメナはいささかしゃべりすぎてしまい、かえってそのことがシーンの力を損ねている。実際のフィロメナは口数少なく、一途で、多くを語らない人物だった。

すべてにおいて上出来の日だった。三日目の今日（土曜日）は、ミハイが来る予定で、彼に何人かの撮影スタッフを任せるつもりだ。（テスト方法としては）スタッフたちに、特定の（同じ）レンズを使ってもらい、俳優たちそれぞれを撮影してもらったうえで、誰がベストであるかを判定する。アーチーにひとり、キアラにひとり、といった具合で順番に——もしくは、主要な登場人物たち、マスターショット、特殊なショット、移動撮影などと続ける。

　昨夜は音楽をかけながら寝ようとしたが、なかなか寝付けずに何度も寝返りをうっていた。よくない傾向だ。今日はしっかり目を覚ましていたいのだ。ミハイがここを発つ前に、照明についてのきちんとした哲学と、構図のスタイルについて、しっかりした考えを持ち合わせる必要がある。『ドッグヴィル』などの作品のように、背景をどう扱うかについてもだ。

二〇一五年五月一八日

月曜日。今日はおおいに張り切らねば。『DV』の第一幕と第二幕の準備をし、カメラアングルについて方針を決める。そのため、私は自分のライカのファインダーを使わねばならない。全シーンのためのテーブルとイスの設営や、各ステージが上演された後の設営準備を、スティーブに頼んでいる間に、手早く通しでの読み合わせをすべきだろう。

　これは俳優の位置、動きに関する演出や振り付けと、カメラ撮影の方法論について、私がそれをキャッチアップして考えを明確にするための機会なのだ。今のところ順調ではある。最初の三日間は上出来だった。今日は月曜で四日目。前へと進まなければならない。

　最も危険なのは、シーンにおける論理の欠如だ。キアラが登場すると、ヴィンツェンツォ家はなぜそんなにも機能不全に陥るのか。フィロメナと息子たちとの関係性とは？（子どもたちはみな、私自身がそうであったように、彼女のことを愛しているか？）これら二つのパートの上演は、自分で立てたスケジュール通りでいける。かわいいコジマ（訳注：ソフィア・コッポラの娘）の五歳の誕生日だ。パスカル（訳注：ロマン・コッポラの娘）も同じ誕生日だ。

二〇一五年五月一九日

火曜日の朝。『DV』の実験は順調に進んでいると思う。三幕の通し稽古を見始めてから、今の私の最優先事項はカメラのルック（画質）とショットの位置の工夫だ。全部門の仕事に満足している。小道具（プロップ）、舞台装置、照明、音楽——そして今日はテクニカル・ディレクターが来る。こうして段階を踏んで、このライブ経験を積み上げているわけだ。学生クルー全員の態度と努力には好感を持っている。今のところ、この日誌において言えることは、すべての部門で期待通りということだ。

　今なお悪くないと思っているアイディアは、この短縮版である『DV』を、『ディスタント・ヴィジョン』の中心（ハブ）とすることだ。十分に深められた長いプロジェクトになるまで、坂道をころげおちる雪玉のように、これを育てていこう。中心部分から外側へと押し広げるように、これを組み上げるのだ。そしてより長い、自然なものへと、独自のルールに沿ってふくらませていく。何夜かかるかということは、あらかじめ決めるまい。この『DV』を核として、話を大きく発展させていく。そのうえでこれがどれだけ大きなものになるかを検証すればいい。

二〇一五年五月二〇日

今のところ順調。七日目だ。『DV』をメインステージにあげる。ポーカー・ゲームの場面とヴィンツェンツォがひとりでテレビの前にいる場面をフィックスせねばならない。多かれ少なかれ、セッティングの基礎を作らなければ。

昨夜はアーチーに会った。今夜はおそらくトニーと会う。ヴィンツェンツォとフィロメナの二人もいっしょだ。キアラをひとり残したままにある。

マイク・デニーが「カメラの位置」に関してロジックを追加してくれることに期待したい。

何度も言うように「ここまでは順調」だ。

二〇一五年五月二一日

朝早く起床。撮影のセッティングを続けるためにスタジオへ行く。今朝は大晩餐会のシーンで始める。喧嘩の場面などもあるだろう。このパートは単調で退屈かもしれないとも思えるが、しかし私が普通ではないショットを作るというときにこういう不安は得てしてあるもので、物語の映像化をする中でそれが立ち現れることを期待しよう。すなわちテレビとこの家族の物語だ。

とにかく先へ進め、すばらしいショットのためにセッティングをするのみだ。

二〇一五年五月二三日

まだここにいる。今日は土曜日。ひとつを除いてすべてのシーンをやってみた。例外は、シルバーフィッシュから歩いてくるFFC（フランシス・フォード・コッポラ）の場面、クリスマスのテープレコーダーのくだり。OFTH（『ワン・フロム・ザ・ハート』）、シルバーフィッシュ内のアリソン―トニー：アーチーがトニーとアリソンを訪問する：リモ（ウェスタン・ユニオン）、授賞式典で指揮をするアーチーと、救急車内にいるアーチー／トニー、カメラ追加。カメラを回し、衣装をつけ、メイク、髪を本番通りに整え、最終的な照明設定で、フル通しでの練習ができるよう、今日中に終えねばならない。

今日は特に実効的でなければ。スタイルをよりドラマチックにすると同時に、すべてのショットを仕上げるのだ。

二〇一五年五月二四日

（全員に送信したメールを以下に掲載）

オフ日（日曜）

　ここでやってきたことは、最上の成果だったというのが私の評価です。もしすべての映画的スタイルのショットが、あらかじめショットごとに撮られて準備されていたら、（天井のグリッドからでなく）床からの照明にしたら、ライブパフォーマンスにおいて俳優たちは不自由なく動くことができるでしょうか？　その他のすべての要素も加わったらどうでしょう？　すなわち、音楽、音響、ライティングのキュー、グリーンバックの背景、録音済みの要素、図像、それに時間操作を伴なう表現（リプレイ、時間軸に沿った動き、など）さえもが加わり、パフォーマンスの事前収録済みの素材も加わって、それらすべてがきちんと連結していれば、リアルタイムに生成する劇的表現として結実できるでしょうか。

　現在はスケジュール通りに進行中で、火曜は作品全体（所要時間は五〇分程度）を通すところから始めます。続く放送日には三度のコマーシャル休憩があり、最初から最後まで通しながら、それぞれの回で新たな終わり方の水準に引き上げていきましょう。衣装、ヘアメイク、最終的な小道具に、舞台上の各種の設置、ライティングのキュー、事前の録音物と美術要素を伴うものになります。六月一日ぐらいまでには本稽古を始めたく、最終の衣装合わせまでに、すべて録音と録画を行い、ミスしたところは編集でカットし、最終パフォーマンスではみんなで連携して動けるよう、安全上の対策もうっておくつもりです。

　新しい概念やアイディアを実現する可能性を試すため、簡便な事前検証としてこの「概念実証（Proof of Concept）」をやる。それによって、将来の「ライブ・シネマ」のプロセスが、実際にはどんなもので、これまで当たり前のように放送されてきた、生放送のテレビ番組とはどう違うかを、はっきりさせたいというのが、私の意図です。これは私が三〇年前に「事前映像化（プレ・ヴィジュアライゼーション）」という言葉で言い表したものですが、しかしそこでは「事前映像化」が最終的なパフォーマンスにとどまっていました。主な違いは、これがリアルタイムで演じられているものであるということ、そしてその際にアクチュアルに撮影された映画的なショットと、いわゆる形式に沿わない「おさえのショット（カバレッジ）」によって構成されているということです。たとえば新しい場面を紹介するためのエスタブリッシングショットや、肩越しのショット、クロースアップなどに加え、頭上のグリッドからでなく、床から照明を当てたショットによってそれらは織り成されます。

そしてまたリプレイサーバなどの機器を用いることで、アクチュアルなライブ映像を切り替えるという新たな領域が加わり、そのことによって実際の時間が通常通り進行しているさなかであっても、物語の時間軸の操作を持ち込めるようになりました。この領域はまだ十全に咀嚼できておらず、その優位性を我がものにはできてはいません。

(覚書：事前設計の程度によるものの、舞台や小道具が未完成の段階でも、かわるがわるシーンをリハーサルすることは可能です。事務用のイス、テーブル、リンゴの箱や、私がずっと使ってきた作業用の小道具を使えばいい。興味深いことにそうしたやり方は、一九四〇年代にローンズリーが提唱した「インディペンデント・フレーム」(訳注：イギリスの美術監督デヴィッド・ローンズリーは、コストダウンのため、複数の場面に使えるようにセットや小道具を、それぞれ個別にあらかじめ作ってしまう方法を採用した)という方法論と、たいした違いはないのです。あらかじめすべてのディテールが書き込まれていない限りは、俳優たちはリアルタイムでセット間を自在に行き来するという表現上の自由があるのです。スタジオの周りに配置されたセットのコンセプトは、装置の配置された中央に位置する「フリースポット」とともに、演台でカメラとライトのオンオフがされる前から、インディペンデント・フレーム〔I-F〕のセットと同じ働きをすることはできるでしょうか?)

次週火曜日には、通し稽古を開始します。

iPadより送信

実はまだ今日のノルマを終えていない。私のライブ・シネマが、かつての「事前映像化（プレ・ヴィジュアライゼーション）」で命を吹き込んだものと大きくは変わっていないということは説明した。事前映像化の段階と、パフォーマンスの段階の間には、リハーサルと適切なカメラアングルでの撮影を行うレイアウトを生み出すための、数週間があり、(できることなら)そこから撮影のためのパフォーマンスに入るのだ。しかし俳優たちが演じている間にも、その場の出入りが可能なショットがあるのなら、それはインディペンデント・フレームと同じだ。ともあれ、実際にやってみてどうなるかを理解するのだ。もう一度やってみたら、どうすればいいかもわかるだろう。とはいえ、私自身がしっかりと先をみこして、しかるべき適切なところで、私がここまで積み上げた〝専門性〟を生かさなければ。

二〇一五年五月二五日

OK。戦没者追悼記念日だ。ジア（・コッポラ）もLAに向かった。ここで彼女と一緒にいられたのはうれしい。私がどこにいるか？　オクラホマシティで、明日（火曜日）の通し稽古を始める準備をしているところだ。ひょっとしたら、演じて演じて、とにかく演じることに集中するために、通し稽古はアクターズルームでやるべきだろうか。そのことも考えてみた。

　しかし私にとって重要なのは、その日その日のプランに集中することだ。最初は、技術的な問題（インカムなどなど、備品のインストール作業がある）を調整している間に、俳優たちを一列に並べてリハーサルをする。ブライアンのピアノをサウンドルームに設置する。すべての準備を整え、途中で止めながらのリハーサルと、通しのリハーサルの両方をやる。おそらくは毎日五時までの仕事となるだろう。通しを終えるごとに、新しい要素を加えていく。衣装、ヘア、最終備品、たぶん明日はサウンドルームですべてのナレーションを録音することにもなるだろう。

　心は迷いなく決まっている。何に力点をおくべきかも、よくよくわかっているつもりだ。

　ただ、技術的な欠陥を修復するのは苦手だ。私はまったく機械音痴なのだ。

二〇一五年五月二六日

火曜日。〝覚書〟を読みながら一〇日目突入。今朝考えたプランとしては、スタッフが舞台に車と救急車をセットし、昼食後くらいまでの時間をアクターズルームで、俳優たちとやりとりするためだけに使うというものだ。そこから、カメラとVT（ヴィジュアル・テスト）、できれば衣装に小道具、背景といった要素も加えて、通し稽古を四時には終えられるよう進める。

　そう。午前中は俳優たちとその演技にのみフォーカスする――つまりストーリーにかかわるすべてだ。アナヒッドを同席させるべきだろうか？　あるいは、その時間にVTのプランを考えてもらっていた方が賢いだろうか。たぶん後者が正解だ。

　予定の方向にうまく進んでいると思う。FFCp（フランシス・フォード・コッポラ組）のスタッフと同じくらいに。ジョーの言っていたことに同意なのだが、FFCpは抜きんでた劇団で、FCW（フランシス・コッポラ・ワイナリー）はそれに後れをとるだろう。FFCpが（DBA〔屋号の意、ここでは「コッポラ」の姓を示すと思われる〕

を通じて）〝コッポラ・ファミリー〟へと変われば、すべて私の望むような結果になるだろう。

調子が出てきたように感じる。生産的で、エネルギッシュで、かつてないほどにうまく事を回せている。エクササイズはそのほんの一部だ。そのうえ、妻が望むものを与えることで、妻との平穏な時間も得られている。まさしく「幸福そうな妻（ワイフ）こそ、幸福な生活（ライフ）だ」。

二〇一五年五月二八日

十二日目。『DV』を見ながら絶望的な気分になった。トニーが管轄するシルバーフィッシュ内のモニターに、思うようなショットが表示されない。しかし、今――もし私がほとんどの〝VT素材〟を事前録画し、EVSルームのスクリーンにそれを転送しておいて、かつそこにカメラを用意していたら、そのスクリーンをシルバーフィッシュのスクリーンと、トニーとダリルの二人が見ているスクリーンに見せかけることができ、キアラは交代しているように見せかけられただろう。

今気がついたのだが、複数のライブカメラ（番号をわりふったもの）を、すべて切り替えていくのは、私が想像した以上に複雑な作業だった。テリのようなプロフェッショナルの腕を持ってしてもなお。クロマキーの素材などを加えていくごとに、彼女の作業はほとんど不可能に近くなっていく。TriCasterは限界に近づき、グラフィックやその他の拠点も不足していく。

今日は脚本を〝ブロック〟に分けた稽古を続けるべきだ。そしてカメラのセッティングやVTの配分とセッティングをしっかり確認しながら、同時に1ブロックを通してみる。今、ざっとではあるが第一幕を完了し、同じように第二幕も続けなければいけない。さらに、今日はインカムが届くので、午後遅くまでにはそれもセットアップする――加えて、マイク・デニーも到着するはずなので、彼もシルバーフィッシュに入ってもらい、テリとともに働いてもらわなければならない。

オーウェンがここに来たら、芝居全体を見てもらって意見を聞きたい。〝全体〟を通しての提案と、とりわけどのパートで彼に手を借りるべきか相談することにしよう。

使ってみるに、非常にエキサイティングで、すばらしい〝マシン〟だ。俳優たちはよくやってくれている。十分すぎるくらいに。特にキアラとヴィンツェンツォがいい。アーチーをさらに悲劇的な存在に高めるには何が必要だろう。そのためにまず、彼に呪われてでもいるかのように演じてもらうよう話をしてみよう――彼の父の望みをかなえるため、などということでなく、もっとギリシャ悲劇的に、といったところだろうか、あたかもマルシャス（訳注：ギリシャ神話でアポロに音楽の技比べを挑んだが破れ、思い上がりの罰に生きたまま皮をはがれた）――笛を吹くギリシャ神話のサテュロス（訳注：山野の精で半獣半人の姿で快楽を好む）のように。

二〇一五年五月二九日

主な問題点

・音響：担当のやることが多すぎるわりに、得るものが少ない。マイクの設置とサウンドブーム（訳注：一方の端にマイクを取り付け、画面に映らぬよう頭上にぶら下げる可動式アーム）の設定と指示出しは他の者に任せればいい。そして、コントロール／ミキシングパネルのところに待機してもらうべきだろう。

a）RFマイク（無線マイク）は、簡単な輪にしたハーネスに取り付けて俳優の首や肩の周りに装着できるようにする。衣装替えのとき、すばやく取り外しできるようにするためだ（これは音響担当にやってもらう）。

b）「サウンドデザイン」というのは実際のところ、音響やその雰囲気、特別な音響の合図を加えたりすることから始められるべきだろう。

c）おそらくはロビーにそれらの役を担ってもらうことになる。

・ステージング・マネージャーは、その持ち場でインカムを通して、すべてのキュー出しをしながらショーを進行しなければならない。あらゆる演技が進行している間は、決してインカムを外してはいけない。言うまでもなく、通し稽古でも同様だ。また、ショーンへのライティングのキュー出しを記録しなければいけない。彼には、ワードローブや小道具、背景などのフロアマネジメントのために、ダニエルのようなサポート役が必要だろう。二、三人の手際のいいスタッフがいれば、舞台におけるすべての物資の出入りをうまくさばいてくれるはずだ。

・ブライアンは音楽録音室で、ピアノと脚本のほか大きなモニターもセットしておいてもらって、ショーの進行を視認しながら演奏できるようにする必要がある。彼にも上演中はずっとインカムを装着してもらわねばならない。

・TriCasterの問題点、それは、テリに腕のいいテクニカル・ディレクターを、つけてやる必要があるということだ。すべてのプログラム修正をこなし、TriCasterの8つの入力口に接続する、複数のカメラ映像からの送信を処理できるような。
・シルバーフィッシュ内では、テリの隣にマイク・デニーに座ってもらい、アソシエイト・ディレクターとして活躍してもらうのがベストだろう。そしてカメラオペレーターには、ウェンディを割り当てることにする。

二〇一五年五月三〇日

私は『DV』が映画的なセットの上でさまよい出し〝たった二分〟の延長のはずがすべてを食いつぶしてしまうんじゃないかと不安に思っていた。ステージング・マネージャーのスティーブは、こうした事態にはいささか不慣れで、インカムをつけず、助手もなしに私のそばにいる。解決するために最もスマートな方法は、劇場形のセットへと立ち戻り、上演中は常にインカムをつけっぱなしのまま、私の横にいてもらうことだ。想定外のトラブルが起きたときのバックアップとして、ベッグスに控えについてもらおう。いい考えだ。そしてウィルがミキシングボードと各種のキューに専念できるよう、マイクのセットには映画音響の経験者を雇う。すべてのことを注意深く、じっくりと考えなければならない。もう通し稽古の週に突入しているのだから。

　土曜のリハーサルの後、みんなに作品全体を概観してもらった。第一幕と第二幕は欠点もあるがしっかりまとまってはいた。第三幕はしっちゃかめっちゃかだ。たくさんのカメラが行方不明になって、もう欠陥だらけだ。明日は第三幕から始めなくてはなるまい。そして各カメラをセットして、ベクトルスコープ（色相・彩度測定器）のグラフィックデータを録画しておく。ロビーは長い不在のあいだに、事前撮りした挿入用のシークエンスをすべて準備していた。彼の天性の才能は私にはない。それからあとは音響だ――サウンドレコーディング、サウンドミキシング、そしてすべてのサウンドデザイン、それらを情緒と明確さを併せ持つサウンドトラックと統合する（ベッグスにはその能力がある）。自らの心中にある恐怖以外に、もう私たちに恐れるものは何もない。

　今日の『DV』の通し稽古について最後に思ったことだが、キューさえすべてぴったり決まれば、セリフはしっかり聞こえて、内容もわかるだろうということだ。そして音楽と生演奏が精妙にミキシングされれば、これは極上の体験になるだろう。積極果敢に難局にあたり、ライブ・シネマというものを印象付け、その可能性を拓かねばならない。

二〇一五年五月三一日

日曜日。休みではあるが、気が向いてOCCCに出かける前の早い時間にこれを書いている。このパフォーマンスはうまく噛み合うように感じる——ひょっとしたら、六月三日の水曜日を待たなくていいのではないか。それで十分だ。私の予感では、ベッグスが姿を現すことになるんじゃないか、という気がしているのだが、そうならぬように計画を立てねばならない（訳注：ベッグスは音響以外に、ステージ・マネジメント上のトラブル時のための控えスタッフでもあり、彼が姿を表すことは、「想定外のトラブル」が起こることを意味するという、五月三〇日の日記を踏まえた記述と思われる）。ジムはどうか？　彼はできるだろうか？　まあ彼にはサウンドのことを割り振っておけば十分だろう。彼からも話を聞かせてほしいところだが、まずはベッグスから聞けるといい。

TriCasterの故障ほどの一大事となると、どんなことが考えられるだろうか。うーむ……何しろリアルタイムで演じられる作品なのだ。切り替えには即時性が必要だ。大丈夫だと思ってはいるが、しかしもしも私たちが、とんだ不運に見舞われることになったら。おそらく俳優たちは駆け込むように登場し、セットはギリギリで作られ、カウチソファはその場面が始まる数秒前に滑り込んでくる。そうなってくると、まるでメタ演劇だ——そうしたことは、キアラと他のみんなとの対話の場面、ポリオについての討論場面ですべて表現しよう。

なるべくよい結果を手にできるよう、最後の瞬間の間際にカメラをセットするのも悪くない。実にエキサイティングだ——こんな経験ができたことがうれしいし、そもそもこのプロジェクトを前に進め、実際にやってみるのに必要な資金を得られたことにも感謝だ。

段階を追ってやってみよう。

二〇一五年六月二日

よし、火曜の朝だ。あと三日で実際にパフォーマンスをすることになる、金曜の午後五時だ。金曜の午前中に、リハーサルの時間があるかどうかを考えてみる。しかし金曜の午前遅くになってから、やるべきことがあったらどうすべきか。弱点はなんだろう？　すべてのカメラもセットも衣装も、場面ごとに変えられるよう設置済みだ。この数日で大きな違いが出るのは、今やもっぱら技術的な面においてだろう。もし〝ショー〟に問題があるとすれば、その原因は冒頭にも終盤にもないはずだ。おそらくそれはまだ経験のない、私、フランシス・フォード・コッポラの指示の周辺においてだ。スケジュール的には木曜には少なくとも撮影しなければならない。アイディアとして、カーテンを閉めるのは、キアラよりも先にウィリーと走り去るアーチーであるべきなのか。あるいは、VT素材上でのキアラがカーテンを閉めるのがいいか。そうすることで、どれだけ上演時間を節約できるだろう？　スイッチを押す指を撮ったVT素材は必要か。そもそもそんなショットを撮れるのか？　他のインサートショットは大丈夫か――材木の山の中にある斧はどうする？

インサートショットのリスト

・スイッチを押すトニーの指
・木桶の中の斧（取り出されるまでを撮る?）
・キアラがカーテンを閉める場面
・ヴィンツェンツィオのグラスがテーブルで音を立てる（彼がそれを見ていない場面）

上演において私の思う問題点のうち、俳優に起因するものは最も軽微なもので、照明はその次だ。逆に最大の問題とは、すべてのカメラが適切な場所で正確に稼働するかどうかにある。

通し稽古に対する反応として、ときに感動的とも思える瞬間があった。興味深く、またあるいは興奮させられる瞬間もあった。アリソンをどうするべきか。彼女に必要なのは「控えめに演じる」ということではない。エネルギッシュである必要がある。いまいちど、彼女の演技を見直さねば。彼女が〝演じる〟のをどうやってやめさせればよいだろう？　彼女は仕事と結婚生活の狭間でうちひしがれていなければならないわけで、これ以上に生気は持ちえない。シルバーフィッシュの中でトニーとその場を演じてもらおう。まるで

……そう、契約か何かを交わしているかのように――彼女はそれを受け取りたいのか、放り出したいのかを伝える――彼女があと一か月生き延びられるという知らせを受ける――彼があと一か月生き延びられるという知らせを受ける――すでに彼を失ったと感じる――彼に彼女自身の情事を告白しようとする――ジュディに裁きを与える――彼女が優位だ――気にかけている、あるいは情を寄せているかのように装わねばならない。怒りさえも。彼女を、その感情の本質にまでそぎ落とさなければならない。裸足に、いや、裸になるのだ。心の防御をとりはらえ。

二〇一五年六月三日

今日は通し稽古を二度。最初はカメラ／俳優／舞台の改善を行った。ところがロビーのプレイバック（PB）映像では、ゴールド&シルバー質店の画が

うまくいっていなかった。夜のパフォーマンスは少しよくなった。約五十五分。しかしロビーのPB映像ではまたしてもゴールド&シルバー質店が、〝叫び〟のEVSシークエンスとラスベガスのシークエンス全体で機能していない。

しかし私が映画の演出に〝入って〟しまった時があった。そのときほとんど私は自分が切り回していることを忘れていた。

そこにはまぎれもなく「ライブ・シネマ」と言ってしかるべきものがあった。今やそのことを私はしっかりと感じている。

混み入っていたのは、トニーがシルバーフィッシュに入って来るところだった——キアラを送りだすのが早すぎた。加えての問題はPBが長すぎたこと。そのために〝会話〟に入るためのキューを出すことができない。三つの操作を提案する。(a)トニーのボタン(b)キアラのボタン(c)テレビドキュメンタリー。それらにはいつでもアクセス可能だ。

そうすればロビーのPBが会話とシンクロして呈示される。

そこに私の貧相な編集を加える

a)大きなアリソンとトニーのシーン

b)キアラがスパゲティを料理するシーン

c)そしてすべての編集済みシークエンス(グレッグに助けを頼もう)

今日は非常に疲れた。けれど、すばらしい日でもあった。実によい経験ができ、大きな達成を果たすことができた。

二〇一五年六月四日

木曜日だ。予備日を二日確保していなければ、イベントと記者会見も終わった翌日になっているところだった。

次の二日間における注意事項は以下の通りだ。

・ロビーのプレイバックVT素材の編集を手伝う(間に合わせる)
・キアラの料理シーンを確定する(グレッグに編集を手伝わせる)
・アクターズルームでキャストと15分間のプレイングゲームを行う
・ラスベガスでのシークエンスの内容をはっきりさせなくてはいけない
・トニーがシルバーフィッシュにいる間は、決して邪魔をしない
・事前撮影。私ことフランシス・フォード・コッポラの専門領域。メキシコ料理のタマーレ/チリ、コンカルネ、ロイヤル・クラウン・コーラ(グラスで)のエンディングシーン
・キアラのためにスパゲッティを作る(家族にも十分な量で)

・ブライアン一家のピアノのキューを聴く？

・アレック（フランシー）に、電報用紙を引っ張り出すときに慌てないように告げる（そう宣言する）

・アクションシーンすべて：がんばれ！（演じるだけだ）

・テリに木桶に斧を入れておく場面のPOV（主観／Point of view）ショットについて伝える

・ニッキーのコメンタリーについては慎重に

・色調と明度の全体に目を配らせる担当は誰であるべきか？　マイク・デニーか？

・車の音を大きく引き上げる：VT素材に加える

・50年代ハリウッドのカラーで撮影する

・アーチー／キアラのダンスシーンのために、ソフィアのピンクセロファンを使う

・カーテンコールの場面を事前にもっと録画しておき、スタジオでパットと最後までやりとげる

二〇一五年六月五日

訳注：この日はここまで準備されてきた、短縮版『ディスタント・ヴィジョン』のテスト撮影が行われた。ゆえに、記述はその前後でのコッポラ自身による演出についてのメモが中心となっており、他の日付の記述に比べても走り書きのような筆致が目立つ。それゆえシナリオに沿った記述であることは読み取れるも、日誌単独では意味を掴みかねる箇所も多く、部分的に文意を補いつつ、基本的には可能な限りテキストに準拠してそのまま訳出している。

第一幕

（メイク）ダリルは長い鼻髭をたくわえている。

スイッチング——撮影は待ち。トニーがシルバーフィッシュに乗り込むのに時間がかかりすぎている。

アクションカット——トニーのボタンからスタート。ニューヨークのショットへ。トニーにハリウッドのカットを挿入して、ダリルに戻る。

トニーへのMCU（ミディアム・クロースアップ）：彼が近代のテレビを「違いはない……」と説明するところでボタンを切り替える。彼が祖父ヴィンセンツィオのことを語るところで、ヴィンセントの古い肖像が見られるよう、ロビーによるプレイバックのPKG（パッケージ）を流す。

ダリルのクロースアップ——「だから

コロラド家は……テレビそのものだったんだ」

トニーのクロースアップ――「一〇〇〇人にひとりだよ。それで働き続けるのは……」

ロビーのプレイバック：機械のそばのヴィンツェンツォへのクロースアップ

バックショットに切り替え：トニーとキアラ・ジュニア「Senza Naso（無鼻症）について、彼に教えてくれ」

（前かがみの）ダリルに切り替え：「Senza Nasoって？（大袈裟に）」

音源：穏やかにフェイドイン、「名テノール歌手、カルーソの録音」の雰囲気を出す。Senza Nasoについての写真とたくさんの写真（結婚前）に切り替え。そしてトニーが物語を語り、「いちばんいい薬が効いた」と述べる

クロースアップに切り替え。

バックアングル――トニーとキアラの場面。トニーがキアラ・ジュニアに「彼女と結婚したんだ」と話して聞かせる。

アクション・TD（ティルトダウン）カット――トニーが言う「これらはすべて実況なんだ」。トニー、多数のビデオクリップのボタンを切り替える。「ドキュメンタリー、ニューヨークのハーレムパレード、キアラのボタン、モニター／イメージへのPOV」――トニーのクロースアップ

ダリルのクロースアップ：「あなたのおじい様は……」。LF（ロング・フィックス）からボーリングのピンを持つヴィンツェンツォのクロースアップ。

トニーのカット：「いや、私の父は……」。壁にかけられたフルートを吹く本物のアーチーの写真に切り替え、鏡を持って待つアーチー。

ワイドショットによる〝フィッシュ〟。「まだ小さなキアラの祖母。その名を受け継ぐ」。そこから音楽が高まり、手紙をタイプするキアラの映像をロビーがプレイバック。そこにボイスオーバーで「私の名はキアラと申します…」。

音楽――印象的に入って来る

繰り返すかどうか？

俳優――ダリルには六つ数える間待ってもらう（キアラ・ジュニアがシルバーフィッシュに入るまで）

（編集済みVT〔ヴィジュアル・テスト〕素材）後のシーン（窓がない場面）のた

めに、可能であればダリルのクロースアップをタイトにする。

（車?）の画が長すぎる

VT素材のパッケージ：リミニの街に関するイタリアの軍隊物語、ゆっくりとした視覚的な編集（ディゾルブなどを用いて）。

ヴィンが祈る場面での、トニーのボイスオーバーは柔和に過ぎるようだ。ロビーのプレイバックは、義母のイタリア風の趣味の場面まで保留。音楽をスタート。〝ジャーン〟とボイスオーバーから引き継がれるように。そうすればピアノのダウンビートを〝らしく〟入れられる。

ステージングについて：花束を抱える間、イスを彼女のもっと右に。そして

ドアがバタンとしまった後、彼女は食事の手伝いのための新たな立ち位置に急ぐ

フィロメナのクロースアップ：「娼婦（puttana）はごめんだよ」。〝puttana〟のところでブライアンの新曲が乗る。娼婦またはショーガール風の音楽で。

キアラのクロースアップをロビーによるプレイバック素材で。「パパの家とは違う」。入って来るヴィンのカットに切り替え。

舞台装置（なあブレント、ストーブの上に古臭い写真を置けないだろうか。ただし君の装備した斧の印象を損なわぬよう、それでいて部屋にもっと趣を与えてほしい。そんな方向で撮れないか?）

ヴィンツェンツォがテーブルに来ると

ころで音楽（ピアノで『ラ・ボエーム』の主題）。そこにフィロが登場。「私たちがほしいのは男の子だけよ」。フィロがヴィンにもたれかかる。「あばずれはもうたくさん」。テクニカル・ディレクターは彼が彼女を叩く直前に、叩くショットへ切り替える。俳優については、ヴィンは彼女を叩く手で、彼女の顔の近くで音をたてる。彼がフレームに入って来ると、叩くショットからウィリーのショットへとつなぐ。ティルトダウンのアクションカット。「母さんが正しいよ」。ティルトダウンからMCS（ミディアム・クロースショット）に切り替え。ヴィンが彼にボウルを投げつける。「バカ息子め!」。フィロの画面に切り替えて（血のついた唇をヴィンに見せながら）「亭主は実入りがいいのね」（ヴィンがフィロをなぐるとき「だまれ」と彼女を軽くこづきながら）と、ウィリーがヴィンに向かっ

てテーブルを飛び越えるときミディアム・ショットに。キアラの画面に切り替え。斧の入った桶をインサート。カットをMCSへ。ヴィンが斧を手にとり、投げようとする。キアラのカット。ヴィンが斧をなげる。アーチーのクロースアップ。斧が壁に突き刺さる時、みんながウィリーを押し飛ばす。怒り狂うヴィンのカット。アーチーがウィリーをドアまで這って行かせる。C。ヴィンの俳優はアーチーがヴィンへの捨てゼリフとドアを音を立てて出ていくとき、（やや彼の左寄りに）ふた呼吸待つ。ティルトダウンから、そのふた呼吸を待って、ドア、それからヴィンが身をすくめている（俳優）フィロメナのところに戻ってくるときに、ミディアム・ショットのカットへ。キアラのクロースアップ（アレックスの俳優はキアラの肩ごしにもっと彼の左へ）。ヴィンが座るところでミディアム・ショットに切り替え。ニックの俳優はヴィンがグラスの音をたてるとき（新しいショット。テクニカル・ディレクターは効果音でグラスを叩く音をインサート）、平静すぎるくらいに。「自分のグラスは自分で」と思いながら、フィロは後ろを向く。キアラのカット。グラスを満たすキアラ。

ミディアム・ショットに切り替え。ヴィンが「私の七歳の小さなイタリア人とラ・スタンパ（訳注：イタリアで最大発行部数の新聞）……」と語り続けながら、キアラはグラスをいっぱいにする。

とっておきのヴィンのショットに切り返して「ようこそお嬢さん……」。それに続きヴィンは正確さについて話しはじめ、手ではオレンジをもて遊んでいる。

俳優：アーチーがカーテンを引くときの切り返しが早すぎる（ヴィンがまだオレンジをもて遊んでる間にやらなければ）。

男性陣を見ているキアラに切り返し、下を突き出してカーテンを引く。彼女のセリフ「パパの家」というのは、男性陣のこそこそした動きから算出されたものだ。カメラ（C2のショット）ホールドのうえ、微調整。キアラのクロースアップのままに「フルートを捨ててどうして生きていけるの?」というセリフ。最後の口論。美しく。音楽はその感情を反映してあくまで美しく。

コマーシャルのための休憩

第二幕

俳優：アーチー、注意してドアから入って来るように（我々からは見えないところで待機していること）

カメラ：キアラが「女の子がいいわ」と飛び出てくるところをあらかじめフレーミングしておき、アーチーが彼女を見上げて「ベビーだ」と言う。スクラップブックを持ったショットのために、ミディアム・ショットをきっちりと利用。俳優：「でもフルートティストとして」。怒っているというよりは悲しく、うちひしがれたように「でもフルートティストとして」と言う。あたかも「そう、しかしウォーターボーイとして」とでも言うかのように。

ティルトダウンからすばやくダリルのクロースアップ、まるでスクープをものにしたかのように前方に倒れこむ。「何の誓い?」、すばやく切り返して「フィッシュ」(俳優C〔子役〕「神への約束……」など)。トニーのクロースアップ、「彼が成した誓い」。

ロビーのプレイバックについて——イタリア国旗はもっと翼のように広がらないだろうか(イタリアのイメージはもっと輝かしい色にできないだろうか?)。ヴィンはベルナルダ通りの映像では、もっと低い位置にできないか。

＊(ドアに貼られた)カーマインの実際の写真を、ヴィンのすぐ後にディゾルブで挿入できないか。ロビーのプレイバックでの新しい要素として「息子を得られますように」と。それからアメリカ的なモンタージュが続く。音響：フルートとピアノの音楽は前後の切れ目なく続き、カーネギーホールのフルートのイメージまでそれが続く(フルートを演奏するアーチー。やがて静かに暗転するプレイバック映像)。

＊＊ジョンは彼のオリジナルの方法で捉えた料理するキアラのカットから、パン撮影とともにまずキアラのボイスオーバーを重ねる、あらかじめ頼んだ

ような事前管理は不要(「毎晩、同じものを料理するだけ」というアーチーのクロースアップによる新しいショット)。キアラが自分の頭をたたいて「日曜日」と持ちかける(そのショットは8フレームに拡張)。

俳優——パスタのCMかと見紛うほどにスパゲティの皿を高く掲げて、それが見えていることを確認してほしい(腰の高さよりも上で、監督がそれをいかに美しく作ったか見えるよう、少し傾けて!)。「黙れ(stai zito)」というセリフの後、テクニカル・ディレクターは急いでアーチーのクロースアップへ。それからテスト中のヴィンへと(アーチーの少し近くに)。俳優——ヴィンの「ナポリタンを作るのが取り柄だったな」というセリフは、笑う前に言うか、もしくは笑いは短くすませてからセリフを言って、みなをほっとさせるか。

ティルトダウン：アーチーのセリフ「できるだけ請求書から遠ざけてほしい」あたりから、ヴィンツェンツィオを映すのを避けておくべきだろう。家族周辺を映し出しておけば、ヴィンツェンツォは次のシーンのためにあらかじめ準備しておける。ニックとアーチーのように、キアラに焦点をあわせておいて、次のシーンのために待機し、キアラは布巾で手をぬぐいながら入場する。（俳優：ヴィンはシャツを後ろにまくり上げて、キアラに自分の傷を見せようとする！！！！！）

音楽——ジャズ風の音源が同じ雰囲気のブライアンのピアノに変わる。カーマインの音楽における〝I'm getting Nowhere Fast with You〟の時期のもの。ランバック（RB／巻き戻し）とプレイバックはやや短め（ショットの持続時間）。ティルトダウンの新たなショットがショーンを回転して映す（FXボールを使う）、ティルトダウンでアーチー／キアラがダンスしながら部屋に入る場面を撮り、そこに（小道具：ソフィアがシャンパンの瓶の首にピンクのリボンを少し垂らして巻き付けている、シャンパンはすでに開栓されてアイスバケットに入れられており、グラスは二つ。ティルトダウンは踊る二人の顔が見えたところで、クロースアップ・カットに）「ただ最高のミュージシャンに」という言葉がキアラの顔に重なり、アーチーが「でも君はフルートを吹きたくないと」と言い。「たぶんサインはもらえるわ」のセリフの後、直ちにカット。音楽はそのまま維持しつつ、はっきりと明確に形を取り始めるように。ロビーのプレイバックでNBCビルのすぐ横の場面に。短い時間だがタイトに歩行するアーチー。音響、音楽のリズムでその足音は重たく反響する（1・2・1・2・1・2とリズミカルに）。1・2のリズムに合わせて切り返し（ニッキー、ゆっくりとフレームの角から入って来る）。そのままトスカニーニの部屋まで維持し、彼のボイスオーバーのみに（アナヒッドよ、フルートの第二音が悪い。音階を変えるか？）。トスカニーニのカットへ。彼が振り返るときにカットを心持ち遅くして、そして音符を書き記す（ここのフレーム構成が弱い）。「今は十分」というセリフの後、フルートを持ったアーチーの髪を切りそろえた頭部。キアラを急がせる。

ダリルが「あなたの家族は……」と言う。トニーについてはすべて撮影でおさえる。クロースアップのトニーは彼女の視界として、彼の膝でキアラ・ジュニアが寝ているミディアム・ショットの場面に向かうときは、広角の画面を使う（俳優――彼女を起き上がらせるとすぐに彼は彼女にキスをして、彼女を去るときに彼は「週給五〇ドルだ」と言う）。笑っているダリルのカット。

音響面で「サムソンとデリラ」のクリップを台無しにするようなロックが必要だ。

ピアノ／音響：家族の音楽として高めていく。俳優：感謝の言葉のあと間をおかずに「週給三二〇ドル」と言う。ドリーは入ってから同じように下がっていく。しかしキアラが父親の歌を導くとき、彼女が歌いながら下がるのも早くする。カメラが下がるには頭上スペースが広すぎる！　暗転。ロゴのフェイドイン。

コマーシャル（二回目）

第三幕

CMから暗転し、ロゴ、ロビーのプレイバックによる、活発な路上の音響、遠くに響くサイレン、米国の戦争の予感をそれぞれ背景にする。

俳優：フラッシュと共にウォーデンが現れ、彼女がドアを閉めて、隣の家に急ぐ。俳優――「交響曲」へと脚本を変更しよう。照明とライトがゆっくりと彼らの顔を照らしつつ横切っていく。ちょうどセイレーンの歌声か何かのように。ピアノ、情感をこめた音楽で。

テクニカル・ディレクター――キアラのクロースアップの準備。「あなたがメアリーをほめるとき、何かが起こる」（J-Bスタジオ――最後までアップテンポのスイングで）。（ロビーのプレイバックについて――今はライトよりも駐車場の車を増やすべきか、しかし午後のショットはもっと暗く）（俳優について：

ヴィンが水を飲むと、泣き、うめき声をあげる、泣き声、水をのどに詰まらせるような感じではなく、まるでトイレの水が流れるほどに）そして大の男が赤ん坊のように泣きわめくのには、面食らわされるものだ。ヴィン、まさに号泣だ！！！！！　そして彼は自分の息子がトスカニーニのためにフルートを吹くことを考え、彼に対する喜びに満ち溢れていく。目には生気がよみがえり、アーチーは、あまりに早くクビになったことのセリフを、幾ばくかの間をとり、身をよじるほどの痛みを伴って言う。

カメラオペレーター：ヴィンへのクロースアップ、頭上のスペースに余裕を持たせて。アーチー、君はクビになったことを伝えるにはヴィンに近寄り過ぎている。君は拒絶されるのだ。特殊効果は全面的にロビーに託す：テレビを使ってマスターショットを作れるか？　テレビ的な特殊効果（雪）をよろしく！！！！！（アーチー、なかなかいい。君を失望させたくない。カメラはティルトアップして、フィロのいいショットを捉えてくれ。もうちょっと近づいてもいいかもしれない）

ポリオについての会話場面、俳優たちは生々しい会話を行きつ戻りつする。次の人物が話し始めるまで、七拍以上は話してはいけない。トニー、私がやって見せたように、腕をゆっくりと上げるんだ。俳優へのキュー出しについて：トニーが腕をゆっくりあげる場面では、彼を抱えたヴィンがゆっくり部屋を横切るのを、キアラがリードする。マスターショットを挿入するとき、アーチーはトニーを抱えるショットを通して歩き続けていること。キアラはそれを悲し気に見つめている。俳優たち：互いにハグし、キスをするとき、絶望や愛情といったものは超えている。互いに寄り添いながら、ゆっくりと祈りのためにアーチーのほうに移動し、キアラはショックを受けている。もう二度とひざまづいて、祈ることはしないと彼は言っていたが、しかし彼はゆっくりとそのような動きをする。ドリー、ゆっくりと彼に近づいていく。そして暗転。タイプ文字が字幕で打ち出される。「フランシス」という文字が最後まで打ち出される前にバックスペースでその文字は削除され、今度は「トニー」と打ち出される。俳優たち——ここでポーカーを始め、早めに話を始める。設営の時間を稼ぐためだ。王冠が登場するとき、ライトがついて叫びと共にスタートできるよう飾り付ける。もっともっと叫びを加えて。キアラがコーヒーを飲みに出るとき、これはパーソナリティの変化を示している。インタビューの場面に戻る。キアラは異なる種類のアクセントを話すようになる（君自身の、またはどこか地方のものだ）。彼女が場面に戻るときは、もっと激しくヒステリックに言えるように。それからテクニカル・ディレクターは定位置にいるアーチーのカットに切り替える、ガーシュウィンの音楽はその間に高まっていく。俳優：キアラはすっかりみじめな姿で、椅子で胎児のような格好をしている。TDはできる限り急いでそのシーンに切り替えること。あたかも一時間はその姿であったように、消耗しきった様子であること。カメラ：キアラを映すベストの構図をとらえたら、そこを絶対に動かないこと。キアラはそのまま。キアラはトニーにこの家にいてほしくないと口にした後は、イスの上でその体勢を保ったままでいること（カメラの構図は座っているキアラを捉えたままに）。

プレイバックで事前撮影したFFC（訳注：登場人物としてのフランシス・フォード・コッポラ本人のことと思われる）のパッケージされた映像を。テクニカル・ディレクター：キアラのセリフ「彼にはリアとこの家にいてほしくない」を正面からのカットで。そしてドアの開くカットをものにしろ！！！！！

FFCがロイヤル・クラウン・ボトルについて話している事前撮影のカット。FFCがそこに立っているあいだに、アーチーが皿で玉ねぎをスライスしているカットを編集する。FFCが「違う瓶だ」と言うとき、手振りでその場面を整える。誤って本物のロイヤル・クラウン・ボトルを置いたテーブルのカットへ。

ダイアローグのライン（方針）：若き日のFC（フランシス・コッポラ／アレックス）の「僕の中から出てくるものではなく、僕の方から近づいていくように」というセリフを、ベストテイクから編集して音声にする。彼が間違った単語に強勢をおいていることに要注意（編集ではトニーの所持するチャート上で決める。困難なインサートだ）

ツリーに向かって突進（俳優たち全員：ジングルタイプのベルの音の決定を急ぐこと）。クリスマスシーン（俳優たちはなかなかいい）、しかし手持ちカメラは各ショットにおいて七つ数えるまでに動くこと。顕微鏡をのぞき込み、何かを発見した（ユリイカ）ヴィンを決して逃さないよう。

キアラがイタリアの曲を歌うとき、彼女はひと呼吸おいてアーチーを見つめる（「君は、だ、誰にこの曲を習ったんだ」と言うアーチーのクロースアップ）。彼女の歌は高まっていく。「母無しで（SENZA MAMA）」（訳注：プッチーニの歌劇『修道女アンジェリカ』のアリア）。テクニカル・ディレクター：そこにフェイドしていくこと。

テクニカル・ディレクター――色付きの照明で終わらないこと。もっと早く使うべきだろうか?? 家族と手持ちカメラがすべてこの場面に入ってくるよりも前の段階にすべきか。

コマーシャル――ワインと映画

音声――指を鳴らして「カット」の指示を出すディレクター（マイク・デニー）の、かすかな音声を入れる（このコマーシャル自体もライブで作られているような印象を与えるため）。

俳優――アリソン、君がトニーに言っていることは、アーチーがまだブレイクする（才能のことではない）準備ができていないということではない。彼女は"今"トニーが諦めないようにと励ましているのだ。彼女はアーチーを愛している、そしてトニーが成功するのを見たいと思っている。彼女が退場するのは、夕食を作るためだ――彼女が来たら八拍ほど経過してからトニーに黒い服を着せる。アーチーの演奏を息を詰めて待っている。

カレンダー通りにやるのであれば、ピアノを弾くブライアンをディゾルブかアイリスでソフトに入れる。

――テクニカル・ディレクター：ダリルがカチンコを持ってきて（もう一度やる？という素振り）、それを鳴らしてすぐにアリソンのショットへ向かう。

俳優：（トニー、ドアのそばに立ってセリフを言うように。そしてカウチの方に行って「この映画はひどい」と繰り返す）

ピアノの側のアーチーのショット。これらショットすべてが前よりもいい。いいどころじゃない、ショットは確定だ。

ラスベガスのパッケージショット：OFTH（『ワン・フロム・ザ・ハート』）のようなカットをいくつか追加しよう。通りをのぼってひとつか二つ、ラスベガスのクロマキーをシルバーフィッシュで設定する前に、他のショットも手早く捉える。

新しいシルバーフィッシュ内でのシーンについて指示を出す。

俳優：ブロードキャスト放送のときには、ダリルとスティーブンはもっともっと阿鼻叫喚の地獄になるだろう。ダリルに覚書を手渡す。ダリルはスーツについて苦情を言い、懇願し、もしショーが続かなくても、スーツ交渉は続行させる。たぶんCBSのお偉いさんと話さえするのではないか。「これもやって、あれもやって」というふうに。

シルバーフィッシュのドアが開くとき、テリと他の人物が入ってくるショットを必ず撮って、フィッシュを統率しようとしなければならない。ちょうどあたかもボーイング747が危険にさらされているかのごとく。ボタンを押し、別のモニターに急いで切り換える。警告バナーが出る、アシスタント・テクニカル・ディレクターがフィッシュのコントロールを掌握しようとする。

アーチーがピアノ演奏のスランプに陥るというEVSでの撮影済みショット。彼の息子の成功についてのボイスオーバーと大きなリムジンの映像。時の経過を示すバナーをリムジンのシーンで、フレームの下側に入れる（ただし電報のシーンから戻ってきた後だ）。

プレイバック映像：アーチー・コラードをマーキー・ラジオ・シティのPOVショットの視界には入れない。シルバーフィッシュ内のトニーのクローズアップへつなぐ。バナー表示に注意。

俳優——若き日のFFCを演じるアレックに、彼の電報の最終行を私と一緒にチェックしてもらう。何行かを削るつもりだ。彼は父親の喜びを聞くのが好きだ。しかしキアラがすぐに荷造りすべきだと言うとき、そして彼が「わかった」と言うとき、トニーは自分がいかに深く巻き込まれたかについて理解し、それは口先だけだと言わねばならぬことに気づくのだ。

アレックはこのセリフを聞き取りやすいように、十分にゆっくり言うこと。

ワイプの後でリムジンに戻り、頭を撫でつけられるプレイバック映像を経て、もう一度ワイプした直後に、「悪かった」という詫びの言葉で始める。

ハリー・コニック、それからパットによるプレイバックの準備ができるまで、情熱的で急速なスウィングをアーチーの指揮で奏でる。トニーとキアラにティルトダウンする。トニーはカメラがそのアクションを見せるまで、彼女の手をとらないこと。

いいサウンドだ。歌から切れ目なく、グラミー賞の音へとつなげる。

アーチーが受賞する場面、彼をブルーのボーダーラインのところまで連れ出し、そこでまさにクロースアップ。ティルトダウンで救急車のカット、そのときキアラが彼の耳に話しかける。

救急車はいい照明のショーだ。ティルトダウン、最初に救急車に乗ったトニーのクロースアップ、それからアーチーにつなぐ。このシーンはアーチーを優遇する（俳優：笑い、狂気、大笑い、ヒステリックになる）。そこでアーチーが「何があったんだ?」と言い、トニーのクロースアップに。「気絶したんだよ」と彼がセリフを言った後に、「父さんの成功は誰もが信じていたさ」と言う。ゆっくりとトニーはアーチーの汗っぽい額にキスをする。そしてゆっくりと顔をあげる。すると彼は自分の父が死んだことを知る。

クロースアップでアーチーの死（俳優：指揮棒を肩よりも高く上げる）。トニーはエイトビートの演奏をするも、しかし父の死を知って泣き崩れてしまう（ティルトダウンで救急車のミディアム・ショット、走り去る救急車、死んだ父の胸に突っ伏すトニー)。音響：父のかすかな声が続く。
俳優：「死なないで…父さん、死んじゃダメだ。ぼくをひとりにしないでくれ。愛してるよ、父さん……」などのセリフ。しかしその声を雪が遮る。トニーの声の音響は、雪と共にやがて掻き消されていく。

二〇一五年六月六日

感謝の気持ちでいっぱいだ。LAの上映もNYでも、ライブ・シネマのコンセプトは、これで世に知られるようになったと思う。この努力は二つの点で価値がある。ひとつはライブ・シネマのコンセプトの正しさを証明したこと。物語の中でキャラクターたちが実際に機能することについても、可能性の端緒が見えた。そしてもうひとつは、それを可能にするための製作集団に関する目途が立ち、次の段階に進める裏付けができたということだ。

　肉体的にはくたくただ。何週間もまともに眠れなかった(〝何週間〟で済むのだろうか?)。ニューヨークに来ることが本当に待ち遠しく、そしてそこでは誰もが私のことを待っていてくれた。モートン通りのレストラン・スノエッタでの夕食、ソフィアと孫たち、キキおじさん、YMCAグループのアネット・インスドルフでのレクチャー――などなど。

　これ以上何も言うべきこともない。しかしこのオクラホマでの経験は、いかにして模範的な製作環境というものを作り得るかを示したのではないか。新たな友人たちと同僚たちが、みな一緒に数週間の出来事を私に教えてくれた。それにしても、私のことを待っていてくれる車があるというのもまた便利なものだ。実用的なキッチンも、エクササイズ機具も、SONOSのオーディオシステムも、あつらえられたコンドミニアムの快適さも。

　次回は、ここで身に着けた知識を活用してやらねばなるまい。

二〇一五年六月九日

今日は火曜日。またしても、頭の中が洪水のようだ。気になる心配ごとがあって、幾分か躁(そう)状態にあるようで、ここからまた絶望に陥ってしまわぬよう防衛しなければならない。どうやって? 瞑想である(慈悲深く、寛大なる神よ)。おそらく気持ちが沈む時期に入ったのだろう。しかしながら対処の方法は心得ている。何も考えないことだ。考えるにしてもひとつのことだけ――まったく頭を使わなくてもいい、いくつかの活動というのがある(セックスや料理、うーーーん。頭を使わなくてもいい何かをみつける必要があるな）。

ライブ・シネマについていえば、鍵となるのはいかにして、どのような場面を事前に映像化するかを学ぶことであるように思う。私の考えでは、それはフレームの把握に関係があり、必要な要素をそこにぎっしりと詰め込むこと。たとえば私が「寝ているキアラ／電話を取るアーチー」についてのシーンで試みたように。それは「フレーム」に落とし込むということなのだ。彼女との関係において彼が属することのロジックとは、そこには何もないということである。だからこそ何人かの「スタンドイン」を使うことができたし、彼らを「フレーム」に入れ込むことができた。舞台上のロジックとは関係のない形で。むしろそうしたフレームを作るためにこそステージやセットを組んだのである。実際に先立つのは、まずインディペンデント・フレーム、次にフレーム・ファースト、ステージング、そしてセットとなるだろうか？

おそらくはクレイグ・ワイスが、このメソッドを開発する私の手助けとなってくれた。事前映像化（プレ・ヴィジュアライゼーション）の作業は、遅ればせながら22ステージ目で、やっと可能になったものなのかもしれない。あるいはジョン・ラセターがアドバイスをくれたのだっただろうか。

親愛なるジョージへ、

オクラホマシティの小さなコミュニティ・カレッジ（OCCC）での十八日間が、ちょうど終わったところだ。そこは職業専門型の学校として、映画を学ぶプログラムがある。私はその授業で実験的なプロジェクトを組織し、七十四名の学生たちを指導した。彼らが所有するサウンドステージを利用し、シルバーフィッシュを持ち込んで、私のいわゆるライブ・シネマの実験をしたのだ。ライブ・シネマというのは、ライブでのパフォーマンスを主とするが、映画スタイルの〝ショット〟を基本とする表現形式で、抑えの画面（カバレッジ）についてもそれ自体の〝出来事性〟を基礎とするがゆえに、テレビの生放送ともまた別物だ。たくさんのカメラがパンしてまわることで被写体を捉えるような、ただの演劇（ピーター・パン）ではない。生放送のテレビでは常に、天井部のグリッドから照明をあてるわけだが、それというのもカメラがお互いを覗きこんでしまうことを避けるために、ズームレンズを使うことで大量のライトを使うわけだが、それが何ともいえずダルいのである。

私が使うのはハーフ・アンド・ハーフのフラットレンズで、ある程度の質のズームが可能だ。照明は床からを基調とし（LEDバッテリー式の照明を使っている）、より映画らしさを実現している——しかし作品全体は、劇伴音楽も含めてライブでの上演なのだ。

俳優たちを含めて、この作品に関わる全員は地元のオクラホマシティ出身だ。もちろん私自身とナパから連れて行った私のチームは違うんだが、地元の劇場主とテレビの仕事が本職の三名のスタッフに、学生たちをサポートしてもらった。学生たちはみんな私のクラスで、それによって履修証明も与えられる。ストック済みのフッテージを別として、すべてはライブなんだ。いささか凝ったカットの編集についてもライブでやるんだが、その際にはフットボール中継のリプレイで使われる、EVSの助けを借りることになる。エンドクレジットはステージの上部に投影される。ステージは驚くほど空っぽで、ほとんど何もない。何脚かの椅子と、マットレス、それといくつかのテーブルにドアと窓くらいだろうか。この作品での私個人の課題は、現代のテレビ放送（主にスポーツ中継）のために開発されたすべての方法やスタイルが、どれだけストーリーテリングに使えるかということを知ることだった。この私の試みが、君の好奇心を刺激できればと願ってやまない。親愛なるジョージよ、君は私のことをよく知っている。いつだって崖から飛び降りるようなことばかりやっていたっけ。この経験もそれと似たようなものかもしれないな。このライブは五つの劇場で見ることができる。観客は少人数の仲間と友人だけだ。場所はパリ、ニューヨーク、ロサンゼルス、サンフランシスコ、そしてナパだ。

もし君の家の映写室がインターネット接続できれば（Apple TVかコンピューターで）、いや、もちろんできると思うがね、そこで見てくれればいい。お見苦しいものだし、いろいろやらかしたりもするだろうが、しかしそれがどうした！　という気持ちだよ。

あとがき

白状すれば、私はかねてその道の専門家やいわゆる「映画作家」（映画製作者）たちが、このある意味では滑稽でさえあるアートマーケットに、なんでまた参入したりするのか、かねてより興味があった。というのも、そこでは〝意味ありげな〟作品が、数千万ドル、場合によっては数億ドルもの市場規模を持つこともあり、そうした額がギャラリーによって呈示されているのだ。もっともそれは誰かがそうした作品を〝自分のもの〟にするためだからこそなのだが、そんな風潮に同調するかのように、マシュー・バーニーの

『クレマスター』五部作のDVDセットの売り上げは、10万ドルを超えるという。

そうしたことを聞いて、私の心に浮かんだことは、ボックスセットを作ることだ。そしてそれを限定版にして、法外な金額で売る。このボックスには通し番号とサインだけでなく、保護をかけたハードドライブも付属させて、それをインターネットにつなげば、劇場版オリジナルのライブストリーム放送を受信することができる、といった具合だ。これら少部のボックスを買うことによってのみ、ライブパフォーマンスを受け取ることができ、それは再生産することが不可能で、そうした機能だけを所有することができる（そのようにして販売される）という仕組みだ。その所有者とそのお客だけが、好きな時にこの作品を上映することができる。そうすれば絵画を所有することも、その他の芸術作品を所有することも、同じになるのではないだろうか。

本書関連用語解説

本項目は原書に記載されていた、映像制作に関わる用語集の全訳である。必ずしも一般的な用語の説明とは思われないものもあるが、原書の意図を尊重し、そのまま訳出している。

アナログ（analog）　出力と入力の数値の変化を、連続的に表示する電気信号。

アッピア効果（Appia effect）　スイスの舞台装置家、作家、アドルフ・アッピア（一八六二－一九二八）が提唱した。出演者と舞台の間に深みを作り出すため、光と影を用いた舞台照明効果を指す。

アソシエイト・ディレクター（associate director）（ＡＤ）　ＡＤは主にクリエイティブな決断において監督を補助すると共に、カメラのセットアップやショットの選択の手助けをする。

バックロット（backlot）　野外に作られた撮影用地。セットも設営され、屋外撮影のために使われる。

帯域幅（bandwidth）　電波送信のための周波数の範囲（幅）

ブラウン管（cathode ray tube）（ＣＲＴ）　集束した電子を射出して画像を映し出す、真空管を使ったスクリーン。

クロマキー（chroma key）　背景幕にブルー、もしくはグリーンのスクリーンを使うことにより、その色の部分だけをビデオ映像から切り離すことができる。ポストプロダクションで特殊効果を付与するために用いる。

カバレッジ（coverage）　ファイナルカットに際して編集者が使用する、各シーンのおさえとして撮られた、あらゆる個別ショット。

クルー（crew）　映画製作にかかわる技術スタッフの総体。

デイリー（dailies）　その日に撮られたベストテイク。主には翌日に上映され、各フッテージのクオリティ確認に使われる。

撮影監督（director of photography）（DP）　ＤＰはその映画で使われる映像すべてを監督する。照明、フレーミング、構図、さらにそれらの要素すべてのバランスについても、責任を負う。

ドリー（dolly）　主にはカメラを乗せる可動式の装置。レールの上、もしくは水平の床をクルーメンバーが押して転がすことで、なめらかな移動ショットを撮ることができる。

本稽古（dress rehearsal）　本番通りに実施するライブパフォーマンス前の最終リハーサル。俳優たちは全員、本番通りの衣装をつけ、メイクも施されたうえで参加する。

EVSリプレイサーバ（EVS replay server）　ライブビデオ放送の製作で使用する、編集済みの音響とビデオ素材を、簡便にプレイバックするシステム。

フォリー（foley）　ポストプロダクションでフィルムに音響効果を付け加える作業。

4K／8Kカメラ（4K and 8K camera）　デジタルテレビや映画の解像度を示す。８Ｋは現在のところ垂直解像度において最大の仕様。現在のスタンダードは４Ｋである。

フレームレート（frame rate）　1秒当たりにシャッターを開閉する回数、すなわち1秒あたりのフレーム（コマ）数となる。

フレームレート・コンバータ（frame rate converter）　フレームレートを変更するための装置。フレームレートの異なるカメラ／機材を使う場合、相互に調整するために使用する。

ガファー（gaffer）　撮影監督（ＤＰ）の指示のもと、照明（ライティング）を担うチーフスタッフ。

ジェネロック（genlock）　「ジェネレーター・ロッキング（generator locking）」の略。基準となるリファレンス信号を使って、複数のヴィデオ映像の同期をとる。

ハンドヘルド（handheld）　三脚などを使わず、カメラオペレーターがカメラを手持ちで撮影する方法。

ヘリカル走査テープレコーダー（helical scan tape recorder）

高周波信号を記録するために使われる磁気テープレコーダー。

IPコントロール（IP control）　インターネット・プロトコルの略。IPコントロールは、電子機材をネットワーク上でコントロールすることを可能にする、Webベースのインターフェース。

キネスコープ（Kinescope）　テレビモニターやブラウン管の正面にフィルムカメラを置き、直接テレビ番組を録画する方法。かつては、これが生放送のテレビ番組を記録し、保存する唯一の方法だった。

マスターショット（master shot）　シーンの最初から終わりまでの全体を包括する、単一で連続的なショット。多くの場合ロングショットで、ミドルショットとクロースアップを間にはさむ。

マトリックス・ボード（matrix board）　複数の信号入力を、多数の外部出力するための基板。

ミキシング・ボード（mixing board）　複数の音響機器をつなぎ、それぞれのレベル調整やイコライザーとして使用し、入力された各音声信号を調節し、すべての音声を「ミックスダウン」するのに使う。

モンタージュ（montage）　それ自体で多様に意味を持つシークエンスをつくるため、編集され、ひとつながりにされた、フッテージの集合。

モーション・コントロール（motion control）　まったく同じ動きを繰り返せるよう、プログラムされたカメラシステム。ある場面において、同じカメラの動き方で異なる要素を撮るのに用いられることが多く、カメラの動きがまったく同じであるが故に、撮られた複数の映像を特殊効果でひとつに合成したショットを、より容易に得ることができる。

マルチビューワ（multiviewer）　複数のビデオ映像をひとつのディスプレイで見ることができる。多くの場合、各映像は格子で区切られている（2×2、3×3、4×4など）。

ノンリニア編集（nonlinear editing）　生放送のテレビのために使われる、ビデオ製作での臨時のデジタル編集方法。テレビの生放送のために利用されるが、その過程でソース映像素材の劣化も起こらない。

プラクティカル（practical） 実際に撮影のための機能もしているために、カメラに映らぬよう隠す必要のない、舞台上のセットや小道具。たとえば照明のためにも利用する、舞台上のデスクランプなど。

プレ・ヴィジュアライゼーション（pre-visualization） 事前映像化。ストーリーボードとサウンドレコーディングといった、実際の素材を用いることで、ショットごとに、シーン全体または作品の完成形を、あらかじめ見通せるようにする方法。

プライム（フラット）**レンズ**（prime (flat) lens） 焦点距離の固定したカメラレンズ。ズームほど融通はきかないが、すぐれた画質とより広い口径の映像を得られる。

リア・プロジェクション（rear projection） あらかじめ撮影されたスチール、または映像を背景幕に投影することで、ライブアクションとその背景を、単一の映像として撮影可能にする。

通し稽古（run-through） 撮影せずに実施する全編のリハーサル

風景パネル（scenic panel） 背景となる風景、装飾に使う可動式パネル

第2ユニット（second unit） 主要俳優たちを必要としない、追加フッテージに責任を持つ、映画技術者たちのチーム。

スヌート（snoot） 照明機材に取りつけ、被写体への光を制限し、過剰な照明から保護する。

ステディカム（Steadycam） 概ね、アームとベスト、スレッドで構成される装置。オペレーターは手持ちのショットであっても、安定したなめらかな動きを実現できる。

ストーリーボード（storyboard） ショットごとに各シーンの内容を描写したもの。製作上の便宜のため、ビジュアルプランを明確に誤解なく共有するスケッチ

シンク（sync） シンクロニゼーションの略。シンクでは正確にラインアップした音響と映像はぴたりと一致する。

タリーライト（tally light） カメラの前部に取り付けた小さな表示灯。キャストやクルーは、それが点灯しているかどうかで、どのカメラがライブ中かを知ることができる。

テクニカル・ディレクター（technical director）（ＴＤ）　ＴＤはビデオ・ミキシング・パネルの操作と、放送前に全クルーメンバーの準備が整っており、配置についていることを確認する責任者。

トランスライト（Translight）　背景幕として後ろから映写することで、天候や時間帯による制作進行の妨げとならない仕組み。

ビデオ・ミキシング・パネル（video mixing panel）　複数のボタンと〝t-ハンドル〟を集積したコントロールパネル。ビデオ・スイッチャーとダイレクトにつながっており、製作進行中もカメラ間の映像を選ぶＴＤが操作する。

ビデオ・スイッチャー（video switcher）　複数のビデオの画像データを入力できる装置。見る者が複数の映像素材を自在に切り替えて、ひとつの画像を作ることができる。

ズームレンズ（zoom lens）　複数の焦点距離を持つカメラレンズ。カメラを固定したまま、対象に近づいたり離れたりするショットが可能。

ライブ・シネマ　キャスト・スタッフ一覧

『ディスタント・ヴィジョン *Distant Vision*』
提供：Live Cinema LLC
協力：OCCC（オクラホマシティ・コミュニティ・カレッジ）、オクラホマ市
ブロードキャスト・ライブ公演日：二〇一五年六月五日

脚本・監督　フランシス・フォード・コッポラ
プロデューサー　ジェニー・ガースタン
エグゼクティヴプロデューサー　アナヒッド・ナザリアン
テクニカルプロデューサー　マサ・ツユキ
コンサルティングプロデューサー　グレイ・フレデリクソン
舞台監督　スティーヴ・エマーソン
第1舞台助監督　ダニエル・リーマン・スミス
第2舞台助監督　コリー・モーガン
撮影監督　ミハイ・マライメア・Jr
音楽　ブライアン・W・ティッドウェル
編集　ロバート・シェイファー
テクニカルディレクター　テリ・ロジック
アソシエイトディレクター　ウェンディ・ギャレット
テレビコンサルタント　マイク・デニー

撮影技術監督　ステイシー・マイズ
ディレクティングコンサルタント　オーウェン・レンフロ
衣装デザイナー　ロイド・クラックネル
衣装アシスタント　ケルシー・ゴッドフリー
　　クリストファー・ハリス
　　ティファニー・キース
　　ジェシー・マホーン
ヘアメイク／ウィッグ／メイク　スティーブン・ブライアント
音響監督　キニ・ケイ
サウンドミキサー　ジェームズ・ラッセル
マイク責任者　グラント・プロヴァンス
QLab（訳注：音楽再生ソフト）責任者　エリ・マペス
照明技師　ショーン・リンチ
プロップマスター　ペギー・ホッシェル
美術監督　ブレント・ノエル
衣装監督　ジェノヴァア・ブルガリエ
アクション監督　トム・ヒューストン・オア
映画映像部ディレクター　グレッグ・メロット

▼キャスト（出演順）

ダリル　ダリル・コックス
トニー　ブラディ・マキネス
アリソン　ジェニファー・ライネ・ウィリアムズ
若いキアラ／リア　ナニ・バートン
通行人　マーク・フェアチャイルド
　ダラジャ・スチュワート
警察官　パトリック・マルティーノ
ウィリー／バイクの少年　ヘイデン・マリノ
キアラ　チャンドラー・ライアン
フィロメナ　ティザ・ラヴィング
アーチー　ジェフリー・シュミット
ニッキー　コリン・モロー
若いトニー　アレックス・アーウィン
シャドーガール　ケルシー・ゴッドフリー
ヴィンツェンツォ　マイク・キンメル
助産婦／ポーカープレイヤー　ミランダ・ロプレスティ
若いフィロメナ　アンナ・ミラー
トスカニーニ　アイディノ・カサー
管理人（Warden）　スティーブン・モロー
シャーロット　ケイト・ブラゼル
RCMHミュージシャン　レミュエル・バルデゲス
　リチャード・チャーニー
　ブライアン・W・ティッドウェル
フルーティスト　アナヒッド・ナザリアン

ピアニスト　ブライアン・W・ティッドウェル

カメラオペレーター　リーゼ・ベイカー
アレハンドロ・カレノ
ミッチ・R・クルース
ジョナサン・カニンガム
フランスワ・デュラーゾ
パット・フラナガン
サラ・ホック
ジェイソン・ハイマン
ランキ・レ
クレイ・マクダニエル
ステイシー・マイズ
スコット・モリス
ジョン・ネイション
サンデー・オモパリオラ
サム・ペンバートン
ジム・リッチー
デヴィッド・サントス
クレイ・テイラー
ライアン・ロックウェル・トマス
ヘイデン・トルバート
カルロス・トーレス
アグネス・ライト

グリップ　フォード・オースティン
テクニカルアシスタント　ブランドン・ウェイクリー
制作クルー　ラシャウナ・コリンズ
　タイラー・フレデリクソン
　テリー・ジョイナー
　カレン・マルティネス
　スティーブン・モロー
　テイラー・タイリー
サブルーターテクニカルディレクター　ユージン・ティックゾン・Jr
3プレイオペレーター　グラント・ホロホ
　ザカリー・ウェスト
VTアシスタントディレクター　ジョシュア・L・バザード
　ロン・ハフ
　リゼス・メレンデス
　ケーガン・パリッシュ
ビデオオペレーター　トロイ・ブラギーニ
技術助監督　ノーブル・バンクス
舞台スタッフ　ローガン・コニャース
　ペドロ・イヴォ・ディニス
　ニコル・ハーウェル
　ネイサン・ラリナーガ2世
　ランドン・モーガン
　ジョセフ・ムワンギ

音響スタッフ　デレク・ビガース
　ローレン・バムガーナー
　レット・チャンレイ
　チャールス・K・ゴールデン
　コルビー・コペル
グリップ・エレクトロニックスタッフ
　ポール・T・チャンバース
　ケン・コール
　ウィトソン・クラインズ
　C・S・ガイルス
　シー・ロディ・オーカット
　キース・エリック・パークス
　ブルック・シャックルフォード
美術　ベイリー・ハートマン
　アイザック・ヘレーラ
　ネイサン・ラリナーガ
　ジョセフ・マッギー
　クイントン・マウンテン
　キャシー・ドゥ・グエン
ドキュメンタリー・スタッフ　ケイト・ブラゼル
　ジョナサン・シャハン
追加ドキュメンタリー撮影　フォード・オースティン
　アグネス・ライト
助監督　レイチェル・ペティロ

俳優指導　ロマン・アルカンターラ
シャイアン・クローソン
マーク・フェアチャイルド
ミランダ・ロプレスティ
アンナ・ミラー
テイラー・ライヒ
ティファネ・ショーター
ダラジャ・スチュワート

▼セカンド・ユニット／ニューヨーク
撮影監督　ロブ・ブリンク

ドライバー　ジェラード・ダーヴァン

▼スペシャル・サンクス
メジャーリーグ・ベースボール
コリー・パーカーとブラディ・ベラベク、VER
マイク・デニー
EMSA、ジョン・グラハム
アネット・インスドーフ

トム・カプラン
トム・ヒューストン・オア
オクラホマ大学演劇学部
オクラホマシティ・レパートリー・シアター
キャシー（OCCC IT）
ランディ・ホッジ
ザ・リンク・ギャラリー

▼ベリー・スペシャル・サンクス
ルース・チャーニー・ディーン・オブ・アーツ
オクラシティ・コミュニティ・カレッジ
オクラホマシティ・コミュニティ・カレッジのスタッフ、教員及び施設職員

ライブ・シネマの全撮影はオクラホマシティ・コミュニティ・カレッジの映像・演劇アートセンターにて行われた。親切で寛大なオクラホマの人々に最大限の感謝を。

『ディスタント・ヴィジョン *Distant Vision*』

提供：Live Cinema LLC

協力：UCLA（カリフォルニア大学ロサンゼルス校）演劇・映画・テレビ学部、ロサンゼルス市

ブロードキャスト・ライブ公演日：二〇一六年七月二二日

脚本・監督　フランシス・フォード・コッポラ
プロデューサー　ジェニー・ガーステン
エグゼクティヴプロデューサー　アナヒッド・ナザリアン
ラインプロデューサー　アドリアーナ・ロタル
テクニカルプロデューサー　マサ・ツユキ
撮影監督　ミハイ・マライメア・Jr
舞台・美術監督　シドニー・ポニック
照明技師・ライティングデザイナー　パブロ・サンティアゴ
衣装デザイナー　ルオシュアン・リー
音楽　ブライアン・W・ティッドウェル
編集　ロバート・シェイファー
テクニカルディレクター　テリ・ロジック
放送技術監督　デヴィッド・クリヴェッリ
舞台監督　リー・ミックリン
キャスティング　コートニー・ブライト
　ニコール・ダニエルズ
アソシエイトディレクター　クリス・エルナー
プロダクションマネージャー　グレッチェン・ランダウ

▼UCLA演劇・映画・テレビ学部関係者
プロデューサー　ジェフ・バーク
舞台制作ディレクター　ダニエル・イロナッツィ
プロダクションマネージャー　ジェフ・ワクテル
アシスタントプロデューサー　レイナ・ヒガシタニ
学部長　テリ・シュワルツ
学部アドバイザー　キャスリーン・マクヒュー教授（映画、テレビ、デジタルメディア）
　ブライン・カイト教授（演劇）
　J・エド・アライサ
　ジェフ・バーク
　ミュンヒ・チョウ
　トム・デノーヴ
　クリスティ・ゲバラ・フラナガン
　マイケル・ハケット
　デボラ・ランディス
　ジェーン・ルーム
　ベッキー・スミス

▼キャスト（出演順）
若いトニー　アレクサンデル・ナイルズ
リッチー／ダニー　イーサン・ディ・サルヴィオ
キアラ　レア・マッダ

テレビインタビュアー　ベス・レーン
トニー　イズラエル・ロペス・レイエス
アリソン　マルゲリット・フレンチ
若いキアラ　エラ・ギフレー
警察官　ベック・デ・ロベルティス
ゾポ　フレディ・ドネッリ
アルフォンソ　ルー・ヴォルペ
チッチーロ　ロベルト・ボナーニ
ピッツティ　ルカ・ガスティーニ
オスアルド　ルカ・デラ・ヴァレ
アゴスティーノ　マリオ・ディ・ドナート
スターボーダー　ニコラ・ギャバーロ
フィロメナ　フランチェスカ・ファンティ
ミスター・ミラー　スキップ・ピーポ
アーチー　メテオ・ヴォート
ニッキー　サロモン・ターウィル
ウィリー　ケイデン・リッツォ
ミリアム　レミ・デュプリー
ミセス・ミラー　ファニー・ブレット
アントワネッタ　パオラ・パーラ・クファーロ
ラ・マルシエーラ　リスベス・ルッカ
アレクサンダー・グラハム・ベル　ベルトラン・グザヴィエ・コルビ
ワトソン　ジョン・デラポルタ

フランス人科学者　フランク・アミアシュ
　ジェンキンス・ブロード
キャストパフォーマー　ヘイリー・カミーユ
　エレン・デュルナル
　ジェイス・フェボー
　マルゲリット・フィボー
　シオンヌ・エリーゼ・トゥレフスルッド
　エラ・ギフレー
　スキップ・ピポ
医師　デヴィッド・ランダウ
ペッピーネ　カルロ・カレレ
カロリーナ　クリスティナ・リズル
ビーノ　アンドリュー・クーラン
ドニー　ブライアン・クーラン
イグナシオ　ジェイス・フィボー
タフなイタリアの子供　ヤンツェン・ラミレス
新聞配達のユダヤ人　ジェシー・ジェイムズ・ボールドウィン
氷売り　ジュゼッペ・ルッソ
アントニオ　ルカ・リーマ
バンドメンバー　オスカー・エマヌエル・ファベラ
　アレックス・パルマンティエ
スタント　セルゲイ・スミトリエフ
　ジョー・ソバーロ・Jr

近隣住民とパーティの参加者

子供　ウィーロ・ベオーイ
ベイリー・ブッヒャー
ヘイリー・カミーユ
サマンサ・デスマン
サマンサ・ハミルトン
トリニティ・リー
ジアーナ・レンジオン
ニコ・レンジオン
ジュリアナ・サダ

女性　ラウラ・ファントゥッツィ
ロベルタ・ジェリミッカ
クリスティーナ・リポリス
フランチェスカ・デ・ルカ
タティアナ・ルター
アダ・マウロ
ダヴィア・シェンデル
クリスティーナ・ウヘーベ
アリアンナ・ヴェロネシ

男性　ウィル・ブロック
ジェームス・ディスティファァーノ
サミュエル・ケイ

ジャンルーカ・マラクリーノ
ジャンフランコ・テリン

キャスティングPA　エリカ・シルバーマン
移動コーディネーター　アンジェラ・ロベス
アシスタントステージマネージャー　アマーニ・アルサイエド
パトリック・ハーリー
代役／俳優アシスタント　キャムリン・バートン
アレックス・パルメンティア
ダヴィア・シェンデル
マサヤ・タジカ
ミュージシャン　ブライアン・W・ティッドウェル（ピアノ）
トーマス・フェン（キーボード・シンセサイザー）
アレクサンドル・マライメラ（ヴァイオリン）
イサック・エンチーソ（フルート）
撮影助監督　マーカス・パターソン
カメラ技術ディレクター　マーク・ダニエル・キントス
カメラ制作コーディネーター　スコット・バルンハルト
カメラ　ハンシオン・ボ
マイケル・ブロンバーグ
マラカス・C・W・チャン
ジョン・デラポルタ
ジャクソン・デローチ
ジュリア・ポンス・デイアス

キャスリン・エリーゼ・ドレクスラー
オスカー・エマヌエル・ファベーラ
ピーター・フラー
アンソニー・ジャコメッリ
アリシア・ハーダー
グウェンドゥリン・インフュシーノ
シルヴィア・ララ
マッズ・ラーセン
ケヴィン・リー
リア・レナート
クリスティン・リアン
アンドリュー・セント・モーリス
エミリー・ローズ・ミコリッチ
ナサニエル・グウェンリー
マルタ・サヴィーナ
ミード・タハ
シオンヌ・エリーゼ・トレフスルッド
タラ・ターンブル
シル・ウェン
イン・ヤン
EVSオペレーター　クリス・イバラ
アレックス・ウィリアムズ
マイケル・ウィルソン
ルーベン・コロナ

IPディレクターオペレーター／EVSオペレーター　エイミー・クウォン
DIT（デジタル・インフォメーション・テクノロジー）　エリ・バーグ
アシスタントテクニカルプロデューサー　ケリー・アーバン
編集アシスタント　ジョン・セリート
美術監督／セットデコレーター　ホーガン・リー
アシスタントセットデザイナー／壁担当　ジェームス・マルーフ
ビデオプロジェクションデザイナー　ザック・ティターリントン
プロップマスター　リズ・シェリーエ
セットデコレーター　タティアナ・クーラノフ
セット装飾／セット移動係　アレクサンダー・デ・コーニング
アンバー・リー
マシュー・マクラフリン
ジェイ・シップマン
美術アシスタント　イレナ・アジック
ミシェル・ウー
サマンサ・ヴィンツォン
衣装指導　クミエ・アサイ
衣装デザイン学部アドバイザー　ジェーン・ルーム
キー・コスチューマー　シャネル・カゾボン
フィービー・ロンギ
ライア・ウォールフィッシュ
セット衣装　ブライアン・カレラ

チャド・マタ
キーリン・キグリー
ケルシー・スミス
スティッチャー　リチャード・トゥルク・マグナンティ
ミンタ・マニング
キー・メイクアップ・アーティスト　ヴァリー・オライリー
キー・ヘアスタイリスト　バーバラ・ロレンツ
ヘアスタイリスト　クリスティン・アリゴ
サファイア・ハリス
マリー・ラーキン
ノーマ・リー
アニッサ・サラザー
メイクアップ・アーティスト　レスリー・デブリン
ステファニー・マカスキー
ヴィオラ・ロック
ベッキー・スウェセン
電気技師　フィル・パワーズ
アリフ・マルキ
ボードオペレーター　オースティン・バーケット
電気技師第一助手　レスリー・エリゾンド
電気係　アダマ・エボ
カドリヤ・ジザトゥリーナ
スティーブン・ヘレカー
グリップ責任者　ジャスティン・リチャーズ

クリップ第一助手　プラティック・シャー
グリップ　エリック・グラウ
ブライナ・メイソン
ジャスミン・ロドリゲス
カーナ・ティルマン
音響監督　ジョナサン・バーク
音響ミキサー　マイケル・クーパー
音響システム技術師　ジェシー・キアス
ミキサーアシスタント・プレイバック　ミッチ・ブラッドフォード
ピンマイク　ローレン・ブンガン
レネ・トルキオ・マクドナルド
ブームマイク　アンドリュー・アーノルド
エズラ・スカイ・ピーターソン・バーネン
ハンター・ミラーノ
インターコム（インカム）アシスタント　エレン・ダーナル
プロダクションマネージャー　ケヴィン・オッテ
アシスタントプロダクションマネジャー　リラ・アロノヴィッツ
プロダクションコーディネーター　ベック・デロベルティス
コッポラ・アシスタント　レイチェル・ペティーロ
アシスタントテクニカルプロデューサー　ジョン・ギッテンズ
プロデューサーインターン　リー・エンジェル
スタジオ講師　ポール・サロウ
ダン・ベンジャミン
ウェンディ・ヘロン

看護師　リンダ・ホー
ケータリング　ニック・ロレンツ
スタントコーディネーター　パット・ロマーノ
リガー　デュアン・バークハート
　ブレット・プリード
　ブレット・シーリン
スタントデザイン　バディ・ジョー・フッカー
スタントダブル　セルゲイ・ドミトリエフ
　ジョー・ソバーロ・Jr
▼動物担当（神の造りしものの身づくろい）
羊担当　エリザベス・バイヤース
　アシュリー・シュレイダー
　ケリー・バイヤース
　羊：ブレーズとチェッカーズ
犬担当　リズ・フラッシュ
　犬（名前：ポップコーン）
　カリン・グラツィアーニ（飼い主）
猫担当　スキー・スワン
　猫（名前：ティキィ／街で最もクールで落ち着いた猫）
　ステージ犬（名前：ガス）
自動車提供　ジェイ・レノ
　スティーヴ・ライヒ
　サマンサ・ライヒ

▼ＳＶＰ社ビデオシステム
アカウントマネージャー　ハンク・ムーア
ビデオエンジニアリーダー　スプッド・マーフィ
ビデオエンジニア　ランス・コディ
　スティーブン・シャーペ
ユーティリティ　ジョン・マグレガー
　ジョーイ・ミランダ
　ジョン・デイヴァ
　ジョーイ・ディベネデット
　ジェフ・ブロードウェイ
　クリス・ソーン
運転手　ティム・ハフェイカー
▼メジャーリーグ・ストリーミングサービス
ＭＬＢアドバンズ・メディアリモート　ジェームズ・ジョンソン
　マーク・エリンソン
　エリオット・ワイス
　ジェフリー・ミルネス
ＭＬＢアドバンズ・ニューヨーク　ロジャー・ウィリアムズ
　グレッグ・ブライン
　アシュ・シャー
　レイモンド・ブリッジラル
トランスミッションサービス　MX1

PSSI Global Services
VERコミュニケーション　ブラディ・ベラヴィク
アレックス・コルドヴァ
スティーヴ・カルプ
ジョナサン・ホグストラン
アヴィ・ゴンショア
EVS DYVIスペシャリスト　ユルゲン・オブストフェルダー
スイッチャー&リプレイサーバ提供　EVS
デジタル・シネマ・カメラ提供　Canon U.S.A., Inc.
シルバーフィッシュ内のビデオスイッチング、シグナル・コンバージョン、追加カメラ等機材提供　Blackmagic Design.
追加照明提供　ARRI and Maccam.
カメラサポート提供　Vitec Group and VER
衣装提供　Palace Costumes, Western Costume Company, and the UCLA Costume Shop.
ドリー提供　JL Fisher.
UCLA TFTショップ　Grip&Electric Shop
ミケ・フワン
エリク・クヨーナス
カメラ&道具責任者　アルバート・マルベス
シーンショップ管理　ドン・ダイク
シーンショップスタッフ　マイケル・セラーズ
アーネスト・スティフェル
ケネス・ヒューストン

ジョー・A・ロペス
プロップショップ　ケヴィン・ウィリアムズ
衣装ショップ管理　ステファニー・ワークマン
劇場オペレーションマネージャー　ブリジット・ケリー
音響舞台マネージャー　ランド・ソアーズ
ITサポート　ファビオ・イバラ

▼ドキュメンタリー
プロデューサー　ガヤトリ・バジュパル
ディレクター　セチ・アルベルティニ
撮影監督　ゴールデン・ツァオ
音響・編集アシスタント　ステファン・ワニガトゥンガ
編集・DIT　サノス・パパステルジウ

▼アメリカン・ゾエトロープ
チーフ・フィナンシャル・オフィサー　ゴードン・ワン
最高経営アシスタント　ナンシー・ディメリット

UCLA演劇・映画・テレビ学部とフランシス・フォード・コッポラはこの実験的なワークショップにおいて、LG Electrics USA社の寛大なサポートを受けている。

▼スペシャル・サンクス

ミレナ・カノネーロ
バリー・ジーゲル
ロリ・ライ
ジェームズ・モコスキー
ゴードン・ワン
ナンシー・ドゥメリット
コートニー・ガルシア
レネ・ベリー
バディ・ジョー・フッカー
ダイアナ・レンジオン
フレッド・ルース
デヴィッド・ピンケル
ニール・マゼッラとハドソン・シニック
シンシア・ロドリゲス, YOLO Expo

▼ベリー・スペシャル・サンクス
ディーン・テリー・シュワルツ
ジェフ・バーク
レイナ・ヒガシタニ
ケリー・ナイト
ジェフ・ワクテル

ライブ撮影はすべてＵＣＬＡ演劇・映画・テレビ学部において行われた。

▼謝辞
エレノア・コッポラ
アナヒッド・ナザリアン
ジェニー・ガーステン
グレイ・フレデリクソン
マサ・ツユキ
テリ・ロジック
ロバート・シェイファー
コートニー・ガルシア
ユージン・リー
ピーター・バラン
コートニー・ブライト
ニコール・ダニエル
ジェームス・モコスキー
バリー・ジーゲル
ロバート・ワイル

訳者あとがき

フランシス・フォード・コッポラは今どこで、何をしているんだろう。映画に少しでも関心があれば、そう思ったことのない人はいないのではないだろうか。映画ジャーナリズムでその名を目にする機会は、すっかり減ってしまった。もとよりコンスタントに作品を発表するタイプの映画作家でもない。

新作撮入の話も聞かないが、新しい企画の準備や構想はあるのだろうか、いや、そもそも健康でいるのだろうかと、折りに触れてふと頭をよぎる。そんな中で登場したのが本書だった。健康かって？　心配無用もいいところだった。映画作品の新作企画こそないようだが、これまでずっと精力的に動き回っていたのだ。しかもライブ・シネマという、未知の概念の実現のために。

八十歳を目前に、自らの企画原作で「いつの日か、ライブ・シネマをメジャーの製作で実現することが私の夢だ」と語るほどの壮絶な野心。引退はもちろん、枯淡とも円熟ともまったく無縁。ここには、生涯現役で現場主義の映像作家として、ギラつく野心がむせかえっていた。

本書はそんなコッポラの近年の活動が余すところなく記された、コッポラ自らの手による著書、"*Live Cinema and Its Techniques*"(Liveright Publishing Corporation/W.W. Norton & Company LTD., 2017) の全訳である。原題は「ライブ・シネマとその技術」。しかし一読してわかる通り、本書はあたかも技術指南書的な、いささかそっけなくもあるタイトルにもかかわらず、コッポラが映画について考えてきたこと、映画とは何なのか、という形而上的ともいえる概念にまで深く踏み込んだものになっている。

そして、自伝と言うほどのボリュームこそ欠くものの、映像作家としての彼を育てたものは何なのか。テレビ、映画、演劇の歴史もとりまぜつつ、自分のルーツがまるでコッポラが得意とする、並行モンタージュ（『ゴッドファーザー』、『地獄の黙示録』、『コットンクラブ』のクライマックスだ）のように刻み込まれている。

だから、本書の邦題を編集部の判断と共に、「フランシス・フォード・コッポラ、映画を語る」とし、副題を「ライブ・シネマ、そして映画の未来」とした。決して大部の書物ではないが、それだけの内容の広がりを持っていると思うためだ。

初めて本書をざっと一読して、つくづく思い知ったことがある。これでは一本の映画作品を滞りなく作り上げるのは難しいに違いないと。誤解を招くような言い方かもしれないが、「文は人なり」という言葉の通り、いかにコッポラという人物が憑依型で、ひとたびある考えにとりつかれたら、どんどん深まっていく情念の人であるかを、肌で感じてとれたのだ。

断定的に快調に筆が進んでいくかと思うと、どんどん息が長くなっていく。ピリオドは打たれず、文章がいつまでもカンマでつながっていくので、あるテーマがどこにつながっていくのか判別しにくく、しかも拡散する。前の段落で言い始めたことと、それ以後の段落では整合性がとれていないように思えて、また前に戻らねばならない場合も少なくない。しかし全体で見れば大枠で話が収まってくる。

ひとつ例をあげると、第1章でバーベット・シュローダーの『アムネシア』（二〇一五）の撮影方法について触れた部分だ。シュローダー本人に撮影方法を聞くと、カバレッジショットはすべて高解像度の８Ｋカメラで撮られたマスターショットから再構成されたものだと知らされたコッポラの心の揺れ。映画そのものは（しっこいくらいに）楽しんだことを告白し、そうした技法の効能に心をひかれつつも、しかし最終的にそれは自分の求めるものではないとする、コッポラの朋友への気遣いと表裏の、技法に対する懐疑と逡巡。

熱ぼったいコッポラの吐息さえも感じるような筆致からは、妻のエレノア・コッポラによる『地獄の黙示録』の撮影ドキュメンタリー、『ハート・オブ・ダークネス／コッポラの黙示録』（一九九一）の中で、撮影進行にとことん追い詰められるコッポラの姿を連想せずにいられなかった。情念渦巻くコッポラの心中を、訳文の中に少しでも残したい。訳者としては、リーダビリティを多少犠牲にしてでもそれを心がけた。コッポラ自身は本書が、ライブ・シネマに関する知見と実践の指南書のつもりのようだが、訳者としてはむしろ今後の夢を語るコッポラの独白の書と理解している。

「ライブ・シネマ」とはそもそも何なのか。コッポラはそれを本書一冊かけて、丁寧に説明しようとしているが、端的にいうと演劇的に上演されるライブのステージを、事前撮りされた映像も利用しつつ、テレビ、劇場を問わずに配信する映像作品を指している。まさに映画と演劇、そして（生放送の）テレビの融合体である。これが残りの生涯をかけて、コッポラが実行したいことだというのだ。これはしかし、今や晩年といって差し支えない年齢のコッポラが、突然に思いついた新たな企画・概念なのだろうか。そうではないことが、本書を読み進めていくと次第にわかってくる。

それはコッポラが映画の人である前に、テレビの人であるという事実だ。少年時代のコッポラはポリオに罹患したことで室内での生活を余儀なくされ、映写機の魅力にとりつかれると同時に、折しも放送の始まったテレビ番組に夢中だったという。当時のテレビ放送が、原則的にすべて生放送であったこと、そうした制約ある環境の中で優れたライブドラマが放送されていて、その先駆者が本書で献辞を捧げている、ジョン・フランケンハイマーだということは興味深い。コッポラはそこに立ち返り、ライブ・シネマの名の元に、自らのルーツを発展的に再現しようとしているのだ（ちなみに、コッポラが影響を受けたというフランケンハイマーの『ザ・コメディアン』他、本書に登場する当時のテレビ作品の多くは、動画サイトで見ることができる。コッポラが第6章で悔恨とともに綴った、ブラウン知事の演説も視聴可能だ）。

ここで映画監督としてのコッポラの仕事を振り返っておこう。

第一期としての修業時代。『グラマー、西部を荒らす』（一九六一）、『ディメンシャ13』（一九六三）、『雨の中の女』（一九六八）、『フィニアンの虹』（一九六九）など、まだコッポラ未満であった頃。その作品を見る機会は少ないが、盟友ジョージ・ルーカスや、以後もしばしば出演を果たすジェームズ・カーンやロバート・デュバルといった俳優たちとの出会いなど、来るべき時代を予見している。

七〇年代の第二期こそ、まさに映画史上これほどの成功を極めた映画作家はいない、という言葉にふさわしい栄光の時代である。『ゴッドファーザー』（一九七二）に始まるこの時期は、同作がアカデミー作品・主演男優・脚色賞を受賞（監督賞は『キャバレー』のボブ・フォッシーが得ている）。続く『カンバセーション…盗聴…』（一九七三）はカンヌ映画祭パルムドール。『ゴッドファーザーPARTⅡ』（一九七四）では、またしてもアカデミー作品・監督・助演男優・脚色・作曲・美術賞の六つを獲得。『地獄の黙示録』（一九七九）は二度目のカンヌ映画祭パルムドールである。

旺盛な創作活動は脚本執筆にも発揮され、『パットン大戦車軍団』(一九七〇)でもアカデミー脚本賞を受け、『華麗なるギャツビー』(一九七四)の脚本も手がけている。プロデューサーとしても、ジョージ・ルーカスの『アメリカン・グラフィティ』(一九七三)を大ヒットさせ、後の『スター・ウォーズ』(一九七七)の基盤を築かせることになった。

今となっては忘れられているだろうか。スティーブン・スピルバーグが『JAWS/ジョーズ』(一九七五)で映画史上最高興行収入記録を打ち立て、その記憶も新しいうちに『スター・ウォーズ』がその記録を破り、さらにその記録を『E.T.』(一九八二)のスピルバーグが再び更新する。しかしルーカスとスピルバーグの記録破り合戦が始まるほんの三年前に興収記録を作ったのは、『ゴッドファーザー』なのだ。

そして問題の『ワン・フロム・ザ・ハート』(一九八二)でコッポラはすべてを失うわけだが、そのことの「教訓」は本書に譲る。コッポラの七〇年代は映画史上これほどの成功を収めた人物もいないが、同時にこれほど大きな挫折に至った人物もまたいない。

そしてフランシス・フォード・コッポラという映画作家のイメージが、この時期の作品によって規定されることは、その後のコッポラにとって幸運なのか不運なのか。個人的な話になるが『地獄の黙示録』が、日本でも鳴り物入りの超大作映画として封切られた時のことを、今もはっきりと覚えている。それまで見たこともなかった、新聞紙上での映画の一ページ全面広告。シネコン隆盛の近年、映画館の座席指定はあたり前になったが、当時の映画館は座席指定というと「予約席」の割り増し込みで、約二〇〇〇円の入場料を払う必要があった。映画館中央のいちばんいい座席群は、白いカバーがかけられ着席禁止だったのだ(ただし朝の一回目の上映は全自由席)。

しかし『地獄の黙示録』の封切だけは、全回日時および座席指定とされた。そんな封切のしかたはこれまで見たことがなかった。そして監督の意向で、本編のオープニングとエンディングにクレジットがないために、入場者全員に良質の紙に印刷された、スタッフ・キャスト一覧が配布された。今から思うと劇場用パンフに印刷すればいいだけのことだが、そんな対応も当時にあっては、特別感が高まるばかりだった。

そのような異様な雰囲気で公開された『地獄の黙示録』を、私自身は新宿プラザ劇場（現在のＴＯＨＯシネマズ新宿の前身）で見たのだが、上映の幕が開き、前方スクリーンの壁ギリギリいっぱいまで画面が広がっていった時の驚愕を、今も忘れることができない。その巨大さの感覚は、今のＩＭＡＸの比ではなかった。

そのような昔話をひけらかしたのは、来るべき第三期が、作品として傑作か否かの議論は別に譲るとしても、どうしてもスケールダウンの印象が拭えなかったからだ。『アウトサイダー』（一九八三）、『ランブルフィッシュ』（一九八三）と続く若者たちの群像劇は、本当にコッポラが望んだ作品だったろうか。当時の淀川長治をはじめとする『コットンクラブ』（一九八四）への酷評も、あのコッポラ作品に対する言葉として、どうにも承服し難かった。さらにロバート・ゼメキスが『バック・トゥ・ザ・フューチャー』（一九八五）で、最高の映画的至福をもたらしてくれた後では、同じタイムトラベルものだけに『ペギー・スーの結婚』（一九八六）の間の悪さは、どうにも不利だったと言わざるを得ない。

そう、八〇年代はコッポラの盟友であるルーカス、スピルバーグが未曽有の成功を収める中で、さらにその弟分であるゼメキスの活躍。そしてコッポラと同様にロジャー・コーマン門下生であった、ロン・ハワードやジェームズ・キャメロンがその才能にいよいよ大輪の花を咲かせ、最大の兄貴分であったはずのコッポラが、徐々に忘れられつつあったのだ。

『友よ、風に抱かれて』（一九八七）と『タッカー』（一九八八）（個人的にはどちらも最愛のコッポラ作品だ）となると、ディズニーランドの3Dアトラクションとしてジョージ・ルーカス製作総指揮で作られた、マイケル・ジャクソン主演の『キャプテンEO』（一九八六）と共に、どこか居心地の悪さ、悪く言えば周囲から〝お尻を叩かれている感〟があったように思う。

そしてついにコッポラ自身が、それを起死回生の一作と考えたかどうか定かではないが、とっておきの企画といっていいだろう『ゴッドファーザーPARTⅢ』（一九九〇）へと至る。そしてPARTⅢは、アカデミー賞こそ作品・監督賞を含む七部門でノミネートされたとはいえ無冠。この年の受賞レースを独占したのは、ケヴィン・コスナー監督・脚本・主演の『ダンス・ウィズ・ウルブス』だった。時代の風はもうコッポラの側に吹いていなかった。

『ゴッドファーザー』サーガに永遠の結末がつき、続く九〇年代の数作をコッポラの第四期とするならば、『ドラキュラ』（一九九二）、『ジャック』（一九九六）、『レインメーカー』（一九九七）がそれに当たる。ここに至ると、第二期で見せてくれた「巨大な映画」に、コッポラが再び取り組むことには、半ばあきらめの気持ちが生まれてきた。しかし〝あの〟コッポラが、本当にこのスケールのままで終わるのだろうか。もっと何か新しい展開が生まれるのではないか、と願いつつ空白の約十年が経過する。

コッポラのキャリアでもっとも作品間隔があいてからを第五期としたい。コッポラが何度も口にする「自己資金だけでまかなえる、規模の小さい映画」である、『コッポラの胡蝶の夢』（二〇〇七）、『テトロ 過去を殺した男』（二〇〇九）、『Virginia／ヴァージニア』（二〇一一）の三作である。ここにきてようやく、コッポラはいい落ち着き場所をみつけたな、というのが『コッポラの胡蝶の夢』を見たときの、率直な感想だった。

映画会社がひとつ傾いてしまうような大予算でなく、自らの芸術的感性に忠実に従った、小規模で純粋なアート作品。もしこれがコッポラ作品の最終形態であるのなら、それはむしろとても好ましいことだと思った。彼のこれまでのキャリアは、自分のやりたいことを追求しつつ、そのエゴを通すための結局は予算との闘いだった。その闘いを避けられぬが故に、作品は安定感を失っていったはずだ。とある影響力ある映画批評家の「失敗作を撮る才能」という言い方は、コッポラ（やマイケル・チミノ）のような映画作家を前にすると、いかにも安全地帯にいる側の、手前勝手な言い分にも聞こえてくる。

けれど予算超過の心配のない、適正規模の作品で、コッポラの繊細な感受性が、思うさま発揮されてこれほど美しく結晶化するのなら、逆にこんな素敵なこともないのではないか。

もっとも、栄華あるコッポラ第二期をいまいちど振り返ると、ルーカス、スピルバーグと共に『影武者』（一九八〇）製作の資金を黒澤明に提供し、ヴィム・ヴェンダースに『ハメット』（一九八二）を撮らせるなど、幸せな結末ばかりでないとはいえ、コッポラの映画界への貢献ははかりしれない。

ベルナルド・ベルトルッチ『暗殺の森』（一九七二）、ハンス＝ユルゲン・ジーバーベルク『ヒトラー、あるいはドイツ映画』（一九七七）、そしてジャン＝リュック・ゴダール『勝手に逃げろ／人生』（一九八〇）などの作品を、採算性も考えずアメリカ公開させたのもコッポラの業績である。

ゴダールとの関係でいえば、『ワン・フロム・ザ・ハート』のスクリーンプロセスで使用する、ラスベガスの街のスライド製作を手伝ったのは、信じられないことだがゴダールその人だという。実際、商業映画から距離を置いていた七〇年代に、ゴダールはコッポラと契約を交わしている。その契約において、ゴダールは何とロバート・デ・ニーロとダイアン・キートンの主演作品を計画したというが、当然ながらキャンセルとなり、コッポラの用意した資金は藻屑となる。『1941』（一九七九）で大予算を蕩尽し、彼としては最初で最後の資金との敗北を喫したスピルバーグが、次回作に『レイダース／失われたアーク《聖櫃》』（一九八〇）を撮るとき、製作としてついたルーカスにこう言われたという。「コロムビアとユニバーサルが相手なら、いくらでもスケジュールを超過してくれてかまわない。だがぼくらは友だち同士の間柄だ。ぼくの金を使っている以上、遅れは許さない」（リチャード・シッケル『スピルバーグ その世界と人生』（訳：大久保清朗・南波克行／西村書店）」。

おそらくルーカスにあってコッポラにないものは、こうした釘をさす力なのかもしれない。「私は金銭には無頓着だ。内容上の決断をする時びくびくしないために、そうならざるを得ないのだ」（ピーター・カーウィ『フランシス・コッポラ』（訳：内山一樹・内田勝／ダゲレオ出版））という、コッポラ自身の発言は、やはり製作者としては致命的な弱点を裏付ける。

そして『Virginia／ヴァージニア』以後、またしてもの沈黙に入ったと思われたところへの、本書の刊行である。やはり「自己資金でまかなえる小規模の作品」だけで満足する人ではなかった。来るべきライブ・シネマへの野心を着々と温めている点において、コッポラの第五期はまだこれからだ。

それにしても本文にある通り、そのライブ・シネマで本当にやりたいことが、『アラビアのロレンス』（一九六二）のような壮大な作品だというコッポラの言葉は、本書中でもっとも瞠目した一節のひとつだった。コッポラは『ワン・フロム・ザ・ハート』の頃と、ちっとも変ってなどいなかった。まだ超大作への熱い夢を捨てていないのだ。

振り返ってみるとコッポラの最も力をこめた作品というのは、いずれもひとりの夢想的ともいえる人物の狂気が、自分だけの王国を作り上げ、そして滅びていく物語ではなかったろうか。『ゴッドファーザー』三部作においては、元々の意に反してコルレオーネ家を引き継ぎ、その発展のためには兄弟殺しさえいとわぬまでに、情念が肥大化するマイケル・コルレオーネ。ついにはバチカンと手を握るまでに至るが、一家はばらばらに崩壊する。

アメリカを遠く離れて、ベトナムのジャングルの闇の奥に王国を作り上げる『地獄の黙示録』のカーツ大佐。アメリカならぬ場所にアメリカを作ったアメリカ人を、ベトナム戦争のただ中で、同じアメリカ人が殺しに向かう。その王国の崩壊はアメリカの崩壊とイコールだ。

そして、ラスベガスの街をスタジオの中に作ってしまい、すべてをカメラの中だけに作り上げようという、『ワン・フロム・ザ・ハート』におけるコッポラの大野心。本文にもある通り、本物のラスベガスはロスから飛行機でほんの四十五分なのだ。ここではコッポラ自身が、マイケル・コルレオーネやカーツ大佐と同様に、作品における王として振舞おうという欲望がみなぎっている。

『タッカー』もまた、たった一人の天才が、自分の自動車王国を作り上げようとして、それに挫折する物語だった。ひとりの人物の突出が、アメリカ産業界では挫折を余儀なくされるという、反アメリカン・ドリームがここに語られている。

そこには本書にもある通り、映画の都そのものを築き上げようとした（そして挫折した）コッポラ自身の姿を重ねずにはいられない。

とはいえ、いずれも大きな映画のように見えるから、間違えそうになるが、コッポラが全期を通して語ろうとしていることは、矛盾の王国建築である以上に、同化への物語ということだ。私はかつてコッポラについて、こう書いたことがある。

「コッポラの作品はいつでも、時間と土地との距離を埋める人物の物語だったということだ」(「キネマ旬報」、二〇一二年八月下旬号)と。

すなわち、自分の過去を頑なに隠し、遠くの音を近くに引き寄せる盗聴を生業にする『カンバセーション…盗聴…』の主人公は、その典型にして象徴的な例であり、『ペギー・スーの結婚』のヒロインも、今の自分と過去の自分との距離をゼロにすべく、タイムスリップしたということだ。『コッポラの胡蝶の夢』の主人公が、雷に打たれて時間を遡り、言語の起源にまで向かうのも同様だ。永遠の命によって時間の概念が常にゼロたる吸血鬼(のような存在)を、『ドラキュラ』、『Virginia/ヴァージニア』と二度にわたって、モチーフにしたことも偶然ではないだろう。

コッポラ自身もその最晩年にあって、自らの幼少期の出自たる当時のテレビに立ち返り、ライブ・シネマを構想した。幼年時代の自分と今の自分との同化を果たし、その時間的間隙をゼロにするのだ。そしてまったく未知の物語ながら、二度のワークショップでその実現可能性を試した『ディスタント・ヴィジョン』は、コッポラ家三代にわたる年代記だという。今こそ見えてくる。コッポラは『地獄の黙示録』のような大予算で、『テトロ 過去を殺した男』のような、個人的な物語をやりたいのだ。

ライブ・シネマが、映画と演劇とテレビの混淆たる表現媒体ということは、彼を形作った三つの表現形式の間に横たわる距離を、ゼロにすることでもあるだろう。さらにその中でコッポラ家の年代記がひとつに凝縮する。個人の歴史と表現の歴史のゼロ化作業において、自ら最高の権能者として君臨する。これがコッポラ芸術の最終形態だ。

本書の読了後、もし機会が許せばぜひ『ワン・フロム・ザ・ハート』を真っ先に見てほしい。そこにはコッポラがやりたいライブ・シネマの一端が、すでに見え隠れしていたことがわかるはずだ。

最後になるが、本書の翻訳にお声かけいただき、たいへんな熱意とあふれる映画愛と共に、何度も打ち合わせを重ねてくださった、フィルムアート社の田中竜輔さんには、その魅力的なお人柄とあわせて心からのお礼を申し上げたい。

いつの日か、コッポラ最後の夢だという『ディスタント・ヴィジョン』の完全版を目にする機会を願いつつ。

二〇一八年八月二七日　『アウトサイダー』の日本初公開日に。

南波克行

索引

人物

映画作品

テレビ作品／シリーズ

戯曲・演劇作品

著者

フランシスフォード・コッポラ Francis Ford Coppola

これまで六つのアカデミー賞を獲得。代表作として主に『ゴッドファーザー』三部作と『地獄の黙示録』の監督として知られる。一九三九年、デトロイト州に生まれ、ニューヨーク州クイーンズで育つ。幼少期にポリオ麻痺に感染し、その治療期間に物語を書くこと、そして玩具として与えられた映画投影機に没頭し、映画製作への興味を育んだ。

ホフストラ大学とカリフォルニア大学ロサンゼルス校（ＵＣＬＡ）で演劇と映画を学びつつ、短編小説や戯曲を執筆（コッポラ自身は己のキャリアの発端を「作家」であると見做している）。一九七〇年、『パットン大戦車軍団』の脚本家としてオスカーを受賞、一九七〇年代には『ゴッドファーザー』、『ゴッドファーザーＰＡＲＴⅡ』、『アメリカン・グラフィティ』、『カンバセーション…盗聴…』、そして『地獄の黙示録』などの作品で監督・脚本・製作を手がけた。その間に、カンヌ国際映画祭ではパルム・ドールを二回、アカデミー賞では計十二回のノミネートのうち五回の受賞を果たし、フィルムメイカーとして、その十年間は史上かつていない成功を成し遂げたことは疑い得ない。

コッポラはまた三十五年にわたり、ナパ・バレーとソノマ・バレーにてワイナリーを経営し、ワイン生産を手がけていることでも広く知られている。その他のビジネス領域では、中米、アルゼンチン、イタリアでの豪華リゾート経営のほか、受賞実績もある短編小説を中心にした文芸誌『ゾエトロープ：オールストーリー』の発刊を手がけている。現在は、劇場、映画、テレビを組み合わせた「ライブ・シネマ」と呼ばれる新しい形式での芸術に取り組み、この新しいメディウムにおける脚本の執筆を続けている。

監督作品

1961 グラマー西部を荒らす *Tonight for Sure*
1962 燃える惑星 大宇宙基地 *Battle Beyond the Sun*
1963 ディメンシャ13 *Dementia 13*
1967 大人になれば… *You're a Big Boy Now*
1968 フィニアンの虹 *Finian's Rainbow*
1969 雨のなかの女 *The Rain People*
1972 ゴッドファーザー *The Godfather*
1973 カンバセーション…盗聴… *The Conversation*
1974 ゴッドファーザーＰＡＲＴⅡ *The Godfather Part II*
1979 地獄の黙示録 *Apocalypse Now*
1982 ワン・フロム・ザ・ハート *One From The Heart*
1983 ランブルフィッシュ *Rumble Fish*
1983 アウトサイダー *The Outsiders*
1984 コットンクラブ *The Cotton Club*
1986 ペギー・スーの結婚 *Peggy Sue Got Married*
1986 キャプテンＥＯ *Captain EO*（ディズニーランドのアトラクション短編３Ｄ作品）
1987 友よ、風に抱かれて *Gardens of Stone*
1987 リップ・ヴァン・ウィンクル *Rip Van Winkle*（テレビ作品）

1988 タッカー *Tucker: The Man and His Dream*

1989 ゾイのいない人生 *Life Without Zoe*（オムニバス映画『ニューヨーク・ストーリー』の一篇）

1990 ゴッドファーザー PARTⅢ *The Godfather Part III*

1992 ドラキュラ *Bram Stoker's Dracula*

1996 ジャック *Jack*

1997 レインメーカー *The Rainmaker*

2007 コッポラの胡蝶の夢 *Youth Without Youth*

2009 テトロ 過去を殺した男 *Tetro*

2011 Virginia／ヴァージニア *Twixt*

訳者

南波克行（なんば・かつゆき）

一九六六年、東京生まれ。慶應義塾大学卒業。映画批評。アメリカ映画を中心に研究・執筆活動を行う。編著書に『スティーブン・スピルバーグ論』、『トム・クルーズ キャリア、人生、学ぶ力』（共にフィルムアート社）、著書に『宮崎駿 夢と呪いの創造力』（竹書房）、共訳書にリチャード・シッケル『スピルバーグ その世界と人生』（西村書店）、その他『キネマ旬報』、『ユリイカ』など、さまざまな雑誌・論集・紀要・ムックに、各種論考を寄稿。

フランシス・フォード・コッポラ、映画を語る

ライブ・シネマ、そして映画の未来

2018年9月25日　初版発行

著者　フランシス・フォード・コッポラ
訳者　南波克行

編集　田中竜輔（フィルムアート社）
デザイン　戸塚泰雄（nu）

発行者　上原哲郎
発行所　株式会社 フィルムアート社
〒150-0022
東京都渋谷区恵比寿南1-20-6　第21荒井ビル
tel 03-5725-2001
fax 03-5725-2626
http://www.filmart.co.jp/

印刷・製本 シナノ印刷株式会社

Printed in Japan
ISBN978-4-8459-1803-4 C0074